AU PAYS DU DOUTE

VOYAGE

AU

PAYS DU DOUTE

ACCOMPLI PAR FORTUNÉ RAMPAL

ET RACONTÉ

PAR

JEAN SIGAUX

PARIS

E. DENTU, ÉDITEUR

LIBRAIRE DE LA SOCIÉTÉ DES GENS DE LETTRES

Palais-Royal, 15, 17 et 19, galerie d'Orléans

1882

AVANT-PROPOS

L Y a peu de jours, sur le boulevard, à l'heure où le café Riche étale aux yeux des vertueux provinciaux sa triple rangée de buveurs d'absinthe, un grand et gros garçon, proprement vêtu, mais abritant son épaisse chevelure blonde sous un chapeau un peu mûr, vint à me croiser. Je ne sais comment cela se fit, mais, d'un mouvement simultané, je m'arrêtai, il s'arrêta, nous nous reconnûmes. Une minute à peine d'hésitation, et je constatai que j'avais devant moi Fortuné Rampal, un ancien camarade, perdu de vue depuis de longues années.

Bien qu'il eût sur les épaules une redingote

décente, je n'osais trop l'interroger à cause de son chapeau, et je craignais d'avoir l'indiscrétion peu charitable. Je savais, en effet, qu'il avait eu des malheurs, honorables s'entend ; qu'à peine émancipé du collège, il avait, comme tant d'autres, jeté par les fenêtres des châteaux qu'il croyait posséder en Espagne les quelques billets bleus laissés par son père ; puis que, presque à bout de ressources, effrayé de l'avenir, désillusionné déjà et l'âme triste, il était parti, sans trop savoir pourquoi, vers de lointaines contrées, d'où il avait dû rapporter des souvenirs précieux sans doute, mais n'ayant pas cours dans les maisons de crédit.

J'hésitais donc à l'interroger, quand il me prévint.

« Je vois bien que tu regardes mon chapeau, me dit-il avec sang-froid : c'est un vieux serviteur que j'ai l'intention de remercier aussitôt que je pourrai le remplacer. Mais, à part ce petit détail de toilette, tu peux voir que je suis assez proprement vêtu. C'est que j'ai enfin, après bien des traversées malheureuses, jeté l'ancre dans un port tranquille, à l'abri des orages. Tel que tu me vois, mon cher, je ne roule pas précisément carrosse, mais j'occupe une position presque officielle. — Je n'en suis pas surpris, lui dis-je avec bonté : quand on a été prix d'honneur et qu'on est licencié en droit... — Oui, interrompit le prix d'honneur, je suis depuis huit jours auxiliaire aux Finances; je gagne honnêtement mes cinq francs toutes les vingt-quatre heures, et je puis, avec de la conduite, parvenir dans deux ans à gagner cent soixante-quinze francs par mois. Mais, mon cher, que de luttes avant d'en arriver là! Que de déboires et de misère! et que de fois j'ai dû faire appel à toute mon énergie pour réprimer les plaintes sourdes de mon estomac! »

Et moi, de lui dire avec ce doute égoïste qui caractérise les heureux de ce monde :

« Bah! laisse donc, tu as une mine superbe.

— Eh! Monseigneur, c'est la misère! pourrais-je te répondre avec plus de vérité que Figaro, me dit-il. Je le sais pardieu bien que j'ai une fière mine, et si tu savais tout ce que cette mine-là m'a fait souffrir! Ah! mon cher, mes joues rebondies, mes lèvres vermeilles, mes yeux riants! mais c'est tout cela qui a causé ma perte. Quand, le ventre vide, l'angoisse au cœur, tremblant devant la rebuffade nouvelle que je sentais venir, j'allais mendier humblement un emploi qui me permît de ne pas mourir de faim, on me prenait pour un joyeux farceur. J'ai voulu faire de la littérature ; j'ai écrit, tout comme Lamartine, un *Voyage en Orient :* les éditeurs, en me voyant entrer, flairaient en moi un voyageur en liquides, et me faisaient répondre, avant que j'eusse ouvert la bouche, qu'ils n'avaient besoin de rien pour le moment. Que veux-tu ? impossible de maigrir ! impossible de prendre ces joues creuses, ces yeux égarés, toute cette physionomie souffreteuse et dolente qui sert tout au moins de passeport auprès des miséricordieux de ce monde. Ah ! que la nature est donc une bonne mère ! et comme j'ai lieu de la remercier ! Quelle idée d'enfermer une âme de philosophe mélancolique dans un corps de Silène ! de donner à un malheureux sans feu ni lieu une figure de propriétaire ! Si au moins cette figure-là pouvait me servir plus tard !

— Pourquoi pas ? lui dis-je ; tu sais que tout vient à point à qui sait attendre ; c'est un proverbe qui est fort en honneur dans la bouche de ceux qui n'attendent plus rien. Mais enfin il arrive parfois à ce proverbe d'être vrai. Il y a huit jours, c'était un pont d'or que te faisait le Ministère des finances ; aujourd'hui découvre-toi devant la Providence et remercie-la de m'avoir rencontré : car, si elle m'a

mis sur ton passage, c'est pour que tu trouves enfin l'éditeur de tes rêves, celui qui veut être le
parrain de ton premier volume et ton introducteur
auprès du public. Je suis quelque peu typographe,
comme tu le sais, ou plutôt comme tu ne le sais
pas : eh bien ! je te composerai, je t'imprimerai,
et je te vendrai si je puis. »

Du coup Fortuné Rampal s'était arrêté, la bouche
béante, l'œil anxieux d'un homme qui aperçoit la
terre promise et craint d'être la victime d'un mi-
rage. Enfin, voyant que j'avais parlé sérieusement :

« Tu ferais cela ? me dit-il avec une effusion mal
contenue. Ah ! mon ami, mon cher ami, c'est bien
le Ciel en effet qui t'envoie. Mais, ajouta-t-il après
un moment d'hésitation, je crains... je crains...

— Que crains-tu ?

— C'est que, vois-tu, ces *impressions* dont je te
parlais tout à l'heure sont écrites dans une note
bien personnelle. Il n'est question que de moi là
dedans ; j'ai voulu faire une relation de voyage
nouvelle manière... tu comprends... pour changer
un peu... L'Orient est si rebattu !

— Mon ami, lui dis-je, rien ne t'empêchera de
faire précéder ton livre d'une préface. Tu plaideras
ta cause auprès de ton seul juge, le public, et

tu le convaincras, s'il veut se laisser convaincre.

— C'est cela, je ferai une préface. Et puis, tiens, j'ai tort d'être hésitant et timide : la chance aime les audacieux, et le public se méfie avec raison des écrivains qui se traînent à ses genoux. Je lui expliquerai avec franchise, à ce public, que je ne pouvais pas raisonnablement, après Chateaubriand et Lamartine, tenter des descriptions qui n'eussent été que de pâles copies; je lui dirai à ce public... »

Fortuné s'échauffait; je crus prudent d'arrêter net ce débordement d'éloquence.

« Tu lui diras ce que tu voudras, à ce public, l'interrompis-je en tirant ma montre. Va retoucher ton voyage, prépare-toi à corriger les épreuves, et à bientôt. »

Ce qui avait été dit fut fait : Fortuné m'envoya son manuscrit le soir même, et, lecture faite, je crus devoir tenir ma promesse.

Le *Voyage de Fortuné Rampal au pays du Doute* n'est pas, à proprement parler, une relation de voyage, et encore moins un guide : il suffit, pour s'en convaincre, de voir avec quelle prestesse incomparable ce voyageur étonnant fait des sauts de trois ou quatre cents lieues, passant, par exemple, de Constantinople à Beyrouth en aussi peu de temps qu'il en faut pour tourner une page. Ce sont plutôt des notes recueillies çà et là, une série de points de vue pris au hasard de l'objectif, et c'est surtout, comme le titre l'indique, le voyage moral d'une âme qui doute et qui voudrait croire, qui s'en va demander aux spectacles matériels la raison de ses croyances, et au berceau de ses croyances la raison de ses doutes. Peut-être bien qu'à cet égard le titre promet plus que l'ouvrage ne donne.

Mais je m'arrête là, ne voulant pas abuser du droit que l'on s'attribue généralement d'être désagréable à ses amis. Je livre le *Voyage* de Fortuné Rampal au public, qui jugera si j'ai bien ou mal fait de rendre ce service à un camarade en détresse.

J. S.

FORTUNÉ RAMPAL

A SES NOMBREUX LECTEURS

*R*ASSUREZ-VOUS, *nombreux lecteurs, ce n'est pas un sermon en trois points que je viens vous faire, mais une dissertation de trois pages sur le moi en littérature.*

Le moi est, paraît-il, profondément haïssable. C'est, du moins, ce qu'a déclaré jadis un auteur célèbre dont le nom m'échappe, et ce qu'ont répété depuis la plupart des écrivains qui, sur le point de parler d'eux-mêmes, éprouvaient le besoin de s'humilier par cette préalable déclaration. L'auteur célèbre et ceux qui l'ont suivi ont raison, j'en suis bien sûr ; il est toujours délicat de se mettre en scène, et à le faire on s'expose fort justement au reproche de vanité. On se croit donc tenu de plaider par avance les circonstances atténuantes, et moi-même (toujours ce moi), sur le point de commettre une faute aussi grave, je ne faillirais pas assurément à imiter la modestie de mes confrères, si je ne tenais à glisser un distinguo timide dans des affirmations si souvent répétées.

Le public, cela est sûr, n'admettra jamais que, sous le vain prétexte de lui offrir un volume dont le coût peut s'élever jusqu'à trois francs cinquante, un auteur quelconque vienne gravement l'entretenir de ce qu'il a fait, lui auteur, depuis sa plus tendre jeunesse, de ce qu'il compte faire dans son âge mûr, et des choses, fort peu intéressantes le plus souvent, qui lui sont advenues. Le public, qui n'est pas toujours bon, quoique les préfaces lui disent le contraire trop souvent, pourrait bien rire alors ou se fâcher tout rouge, et il n'aurait pas tort. Mais quand ce livre est ou a la prétention d'être une étude de mœurs ou l'histoire raisonnée d'un caractère et non pas le récit pur et simple des faits de la vie courante, pourquoi serait-il interdit à l'écrivain de choisir son modèle en lui-même? Pourquoi lui défendrait-on de se mettre en scène hardiment, et de noter, dans un but général nettement défini, ce qu'il sent, ce qu'il éprouve, ce qu'il pense?

Certes l'écrivain, quelque modeste idée qu'il puisse avoir de lui-même, est un homme tout comme un autre, et dès lors je ne vois pas en quoi l'étude de sa personnalité morale n'intéresserait pas autant que celle de M. Albert, ou de M. Arthur, ou de tel autre type qu'il lui aura plu d'imaginer. Il n'y a là, du reste, qu'une pure question de forme : car, même dans le roman le plus impersonnel et le plus imaginaire, il est bien rare que l'écrivain ne montre pas de temps en temps le bout de son nez sous le masque d'un de ses personnages : personnage à cet effet choisi, facilement reconnaissable, et par la bouche duquel il parlera lui-même dans une réflexion de deux lignes ou une dissertation de deux pages. C'est là un impérieux besoin qu'il éprouve, et, s'il ne se met pas alors carrément en scène, c'est que cette réserve lui est imposée par la nature même de son récit, ou quelquefois par une timidité quelque peu hypocrite.

Dans ce dernier cas, j'estime qu'il a tort, et qu'à se montrer si modeste, la masse de ses lecteurs (s'il a des lecteurs) ne lui en sait aucun gré. Ceux qui lisent, en effet, demandent avant tout à être intéressés. Présentez-leur dans votre livre un héros qui les émotionne, les instruise ou les amuse, et ils s'inquiéteront fort peu de savoir si ce héros est l'auteur même du livre ou un produit quelconque de son imagination. Le public ne peut même qu'y gagner : car l'écrivain qui se met en scène lui-même, l'écrivain qui se raconte, en un mot, peut, s'il est sincère, arriver à des effets qu'il ne produira pas s'il les recherche à grands frais d'imagination ou de déductions dont le moindre défaut est de n'être pas toujours bien exactes.

C'est là, d'ailleurs, une thèse qui n'est point neuve et qui, pour recevoir une sanction, n'a pas attendu mon humble avis, ainsi que l'atteste la profusion des mémoires, correspondances et souvenirs dont notre littérature est chaque jour inondée. Mais son application s'est bornée le plus souvent à un genre spécial et n'a guère été tentée que dans le domaine historique ou prétendu tel. Du moment qu'il s'agit d'une étude toute morale, l'écrivain hésite et rougit comme une jeune fille, et tremble d'être taxé de prétentieux et de haïssable, à cause de ce moi qui l'est tant. C'est alors que, dans son pudique embarras, il éprouve l'insurmontable besoin de faire précéder son livre d'une introduction dans laquelle il raconte gravement et timidement tout à la fois à ses lecteurs (les bons lecteurs que vous savez) que ce qu'ils vont avoir la bonté de lire est tiré d'un manuscrit poussiéreux et mystérieux trouvé par hasard dans une armoire délabrée, ou que *c'est le récit à lui fait par un inconnu qui ne dit pas son nom et qu'il n'a pas revu. Ces malices cousues de fil blanc ne trompent plus personne, et chacun sait, en lisant ces inutiles explications, à quoi s'en tenir.*

Aussi n'est-il pas étonnant qu'on y renonce de plus en plus et qu'on aborde franchement un genre — l'autobiographie — qui peut déplaire quand il ne constitue, comme je l'ai dit plus haut, qu'un récit insignifiant, mais qui a sa raison d'être quand il est une étude plus ou moins réussie d'une personnalité morale. Nous en avons eu d'assez nombreux exemples dans ces derniers temps, et deux écrivains qui ne se ressemblent guère, Daudet l'humoristique et Vallès l'intransigeant, ont tenté la chose avec un grand et légitime succès dans le Petit Chose *et* Jacques Vingtras. *Eh! que faut-il pour ambitionner un succès pareil? Du talent? Oui, assurément il en faut, et l'auteur de ces lignes (voilà pourtant un je d'esquivé) ne se dissimule pas que le talent est réparti, dans l'armée des auteurs, à doses très inégales; mais* il faut surtout de la sincérité : la sincérité est le commencement du talent, et, dans bien des cas, suffit presque à le remplacer. J'ai cité Daudet et Vallès ; est-il nécessaire de parler des Confessions, qui sont et resteront toujours le modèle du genre ? N'insistons pas, car il se trouverait plus d'une bonne âme pour s'écrier : « Voyez comme le moi est haïssable ! Voilà Fortuné Rampal qui se compare à Jean-Jacques ! »

Non, je ne me compare pas à Jean-Jacques, soyez-en sûrs, ô mes nombreux lecteurs ; je ne me compare ni à Vallès ni à Daudet, je ne me compare à personne ; mais je vous ai parlé tout à l'heure de sincérité, et c'est sur la sincérité que je compte pour vous faire trouver quelque intérêt à ces notes de voyage que je vous offre aujourd'hui. Et, puisque j'abandonne la thèse générale dont j'ai tenté plus haut la justification pour en venir à l'application que j'en fais dans les pages qui vont suivre, il est une objection que je prévois et qui peut se formuler ainsi : « Que venez-vous parler, me dira-t-on, d'autobiographie, d'étude de mœurs ou de caractère, à propos d'un simple voyage dans un pays tant de fois décrit ! Un voyage n'est rien de tout cela : c'est une succession de tableaux plus ou moins bien brossés, une suite de descriptions plus ou moins colorées, enfin une série d'observations appuyées d'anecdotes sur les mœurs, les habitudes, les goûts des peuples qui défilent dans le récit, mais non pas l'étude des goûts, des habitudes et des mœurs de celui qui raconte, celui qui raconte fût-il l'immortel Fortuné Rampal. » Rien de plus juste que tout cela ; mais je répondrai à mon tour que chercher à refaire l'Orient après Chateaubriand, après Lamartine, après Théophile Gautier, eût été une entreprise un peu bien audacieuse, ou un peu bien candide, au choix. Je devais donc chercher autre chose, et j'ai pensé que l'unique moyen peut-être de donner quelque originalité à un nouveau voyage en Palestine était de montrer les tourments d'esprit et d'âme qui peuvent torturer un humble parmi les humbles marchant au milieu de ces souvenirs qui l'écrasent, *foulant aux pieds ces ruines d'un tombeau divin dispersées sur toute la face d'un pays.*

Et puis ces grands et sublimes peintres qui semblent avoir rendu à jamais impossible toute description de l'Orient, n'auraient-ils pas un côté faible? Sont-ils bien à l'abri de tout reproche? Leurs couleurs ne sont-elles pas trop vives? La poésie qui débordait en eux ne leur a-t-elle pas présenté sous des aspects infiniment trop brillants des sites qu'ils ont cru peindre d'après nature? En un mot, leur tableau est-il bien ressemblant? Et surtout, pour laisser de côté toute métaphore, les impressions rapportées de ces divines contrées et qu'ils se sont plu à revêtir de leur prose étincelante, sont-elles bien sincères? ne seraient-ce pas plutôt des envolées de poésie, *comme on dit maintenant? Oui, cela est certain. Ces géants ne pouvaient ni voir ni sentir comme les simples mortels, et leurs relations de voyage ne sont que des poèmes épiques.*

Mais Fortuné Rampal, ô lecteurs, — et c'est là qu'il triomphe — Fortuné Rampal, un de

ces humbles qui s'en vont trottinant le chemin
de la vie, les pieds collés au sol et sans ailes
aux épaules; Fortuné Rampal, le pauvre diable
qui aujourd'hui encore ne peut sans rougir
croiser un garçon de recette et qui a traversé
la désolée Palestine dans le modeste équipage
d'un pèlerin besogneux, comment pourrait-
il vous tromper, et pourquoi voudrait-il vous
tromper? Mais il n'a qu'un moyen d'intéresser:
c'est d'être simple, c'est d'être vrai ; c'est de
vous dire ce que ses yeux ont vu, ce que son
âme a pensé, ce que son cœur a aimé. Voilà
sur quoi il compte, ô lecteurs ; voilà pourquoi
vous trouverez dans son Voyage des aveux, des
réflexions, des enthousiasmes, des naïvetés
même, dont les sceptiques s'amuseront, mais
qu'il y a délibérément laissés pour bien établir
l'absolue sincérité de son œuvre.

Et maintenant lisez et jugez. Si le livre vous
ennuie, s'il vous paraît mal conçu, mal bâti,
incohérent dans les idées et pauvre dans les
expressions, ce ne sera jamais qu'un méchant
livre de plus, et la terre n'en continuera pas

moins de tourner. Que si l'œuvre, au contraire, vous paraît un essai digne d'être encouragé, il y aura profit pour tout le monde, et Fortuné Rampal n'aura plus qu'à remercier le Dieu des bonnes gens.

FORTUNÉ RAMPAL.

VOYAGE AU PAYS DU DOUTE

———

EN PLEINE MER

A bord du *Scamandre*.

Adieu, Marseille ! Adieu, la belle et grande cité, dont j'entrevois la masse confuse derrière son rideau mouvant de mâts, de voiles et d'agrès! Dans un ciel clair, sous lequel tournoie lentement le vol des oiseaux de mer, la rumeur sourde de tes rues populeuses nous arrive par bouffées. Tout près de nous, dans le bassin de radoub, les calfats,

accrochés aux flancs d'un vieux navire, font
retentir les rochers voisins du tic tac de leurs
marteaux ; et là-haut, en plein soleil couchant,
Notre-Dame de la Garde contemple avec une
douceur attendrie ce peuple de matelots qui se
bouscule à ses pieds !

Les matelots ! songent-ils à la *bonne mère* en
ce moment? Ah bien, oui ! elle est trop haut et
le ciel est trop bleu ! Mais une fois en pleine
mer, sous le noir amoncellement des nuées, au
milieu des terreurs, des angoisses, de l'effarement pâle et morne qui précède la tempête, ces
robustes et indomptables marins, si insouciants
naguère, se souviendront-ils de cette madone
autant qu'on le croit et qu'on le dit? Ah ! certes,
c'est un beau et grandiose spectacle que celui
de ces fiers enfants de la mer s'agenouillant
humbles au pied du grand mât et invoquant
la douce Vierge qui d'un sourire peut imposer
silence aux vents et calmer les flots ! Beau spectacle, et capable d'inspirer des tableaux poi-
gnants, des poésies touchantes et des romans
pleins d'intérêt ! Mais, hélas! tout cela est-il

bien vrai, aujourd'hui du moins, ou n'est-ce que la vieille mise en scène exploitée de tout temps par les poètes et les peintres? Au moment de faire le plongeon suprême, le marin fait-il autant de vœux, promet-il autant de cierges qu'on le dit communément à Notre-Dame de la Garde ou à sainte Anne d'Auray? Il est permis d'en douter; et, pour ma part, je regrette que cette expansion naïve de sentiments pieux que l'on prête aux marins dans les occasions suprêmes ne soit plus dans notre XIXe siècle qu'une fiction et qu'un souvenir. La foi en effet est un trésor dont ceux-là seuls qui l'ont perdue peuvent apprécier l'inestimable valeur. Le culte de la Vierge, en particulier, est une chose si douce, si poétique, si touchante, que c'est le seul qui survive chez beaucoup au naufrage des autres cultes. Est-ce à dire que l'on y croit réellement? Je n'en sais rien et ne veux pas le savoir. Je sais bien, pour ma part, que je me défie du prêtre, que j'entre rarement dans une église, et que je fais partie, aux yeux du monde, de la grande armée des incrédules, des impies et des athées ; mais le sentiment intime qui repose, comme dans un abri impénétrable, au fond de ma conscience, n'a rien à voir avec le monde, les églises et les prêtres. Du fond de mon cœur, j'adore Jésus, j'aime sa divine mère. Ce sont des fictions que je me crée, c'est possible, ce sont des imaginations de poète ; mais ces imaginations me sont douces, ces fictions me sont nécessaires, et je permets aux incursions indiscrètes de ma raison tous les terrains, excepté celui-là.

Et en ce moment même où je suis seul, appuyé sur les bastingages et le regard fixé sur Notre-Dame de la Garde, à ce moment du départ où l'homme le plus endurci sent descendre en son âme une tristesse mortelle, en ce moment où je me vois si isolé que mon cœur se serre et que mes yeux se mouillent malgré moi, toute ma pensée se concentre sur cette divine Vierge, sur cette mère qui tient entre ses bras l'enfant adorable dont je vais visiter le tombeau.

Singulière situation d'esprit que celle d'un homme que les préparatifs multiples d'un dé-

part, le va-et-vient précipité des marins, les
coups de sifflet stridents des maîtres d'équipage,
l'amoncellement incessant des colis de toutes
natures, le grincement rauque du cabestan et
le souffle haletant de la machine, ne parviennent
pas à tirer de sa tristesse et de son engourdisse-
ment! Le pont se couvre de fumée, les ordres se
croisent, les voyageurs s'empressent, et je reste
là, accoudé sur les bastingages, me laissant
heurter par les allants et les venants, et ne pouvant un seul instant faire trêve à mes sombres
pensées pour jouir de l'attachant et singulier
spectacle de l'appareillage. A côté de moi, vient
de s'écrouler contre un amas de bagages un
gros homme aux traits énormes et flasques, la
tête enfouie dans un large turban usé par vingt
traversées ; l'œil à demi fermé, il tire de longues bouffées d'une pipe orientale, et semble se
soucier autant du rivage qu'il quitte que de
celui qu'il va revoir. Se douterait-on que cet
homme a une patrie, une famille, des amis, qu'il
en est séparé depuis longtemps peut-être et qu'il
va les retrouver? Y a-t-il une âme derrière cette

masse de chairs jaunes et tombantes, un cœur
bat-il sous cet amoncellement de guenilles dis-
parates? Je ne le pense pas. Un peu plus loin,
abritées sous un élégant parasol, bien que le
soleil soit couché, deux femmes, jeunes, au teint
rose, deux Françaises assurément, promènent
entre les fauteuils à bascule de la dunette des robes
d'un bleu éclatant et des sourires qui n'attendent
pas qu'on les ramasse, et qu'escomptent par
avance les officiers du bord. Chanteuses de café-
concert! Elles vont sans doute initier les gommeux
de la vieille Stamboul aux grivoiseries d'Hervé.
Plus loin enfin, quatre ou cinq jeunes étudiants,
chargés à destination d'Athènes ou de Constantinople des trésors d'érudition amassés en France,
rient, plaisantent et se dandinent complaisam-
ment sur le passage des deux ingénues.

Chose singulière! je suis seul accoudé tout
près du gouvernail; je suis triste, selon mon habitude, je suis sombre, ce qui est une amplifi-
cation de la tristesse, je ne voudrais pas en ce
moment que personne vînt à moi, que personne
même fît la moindre attention à moi; et par

instants je suis furieux, je m'indigne de cette solitude que je m'impose volontairement, et je me révolte contre ceux qui m'y laissent. Ce gros Turc dont la face rougeaude s'enfonce de plus en plus dans la fumée de son chibouck, je m'étonne qu'il ne vienne pas me demander compte de cette tristesse dans laquelle je me complais; je m'étonne que ces deux *divas* de bas étage me frôlent en passant et ne daignent même pas m'honorer d'un sourire; je suis surpris enfin que ces jeunes gens qui s'amusent, ces négociants qui calculent, ces officiers qui surveillent, ces matelots qui se heurtent, n'accourent pas tous vers moi avec de bonnes paroles et des consolations. Etrange nature que la nature humaine ! Allez donc lui demander un peu de logique dans ses actes, quand il ne lui est pas possible déjà d'en mettre dans ses idées !

Mais, pendant que je raisonne ainsi, les manœuvres de l'appareillage semblent toucher à leur fin ; les matelots, attelés au cabestan, ont cessé leur chant monotone et se tiennent là, immobiles et le front ruisselant; le capitaine consulte sa montre et regarde le ciel; tous les passagers, d'un commun accord, se sont groupés silencieux et attentifs.

Enfin un long coup de sifflet retentit. La machine, qui depuis un moment se reposait, souffle bruyamment; d'énormes flocons de fumée noire s'échappent de la cheminée et font du ciel d'azur un ciel de tempête. Cependant le quai s'éloigne, nous voyons des spectateurs agiter leurs mouchoirs, et nous nous engageons dans un dédale de navires à hauts bords qui semblent se ranger doucement sur notre passage. Nous sortons du port, et nos yeux affamés d'espace s'étendent, au delà des rochers du château d'If, sur l'immensité bleue de la mer. Derrière nous, la bonne Vierge semble nous suivre et se pencher sur le bord de sa montagne pour nous bénir une dernière fois.

22 septembre.

Voilà quarante-huit heures bientôt que nous courons sur la mer unie comme une glace, et c'est à peine si j'ai prononcé deux ou trois phrases. Je me sens pourtant moins triste ; je descends au fond de moi-même, je m'interroge sérieusement et me demande compte de ces sombres idées sous lesquelles se débat mon âme, comme sous une draperie funèbre qui l'étouffe et l'écrase. N'est-ce pas, après tout, par une décision de mon libre arbitre que je suis ici? Qui m'empêchait de rester à terre, de me réfugier, comme un oiseau blessé d'un invisible trait, dans quelque nid abrité du vent et capitonné de verdure? Je pouvais choisir quelque petite ville, bien calme, bien riante, y travailler et y gagner ma vie comme le commun des mortels. Mais non : il paraît que la vie tranquille et monotone, la vie de province n'est pas mon fait ; je ne suis pas né pour tourner éternellement dans un même cercle, comptant mes jours comme un prison-

nier compte les barreaux de sa prison, et n'ayant
d'autre souci que d'acquérir la modeste aisance,
l'*aurea simplicitas* que rêve tout bourgeois qui
a lu Virgile.

Cependant, à défaut de cette existence ignorée,
de cette succession monotone de jours paisibles,
n'avais-je pas Paris, le grand, le radieux et le
sinistre Paris, ce gouffre insondé et vertigineux
dans lequel tournoient tant de pauvres âmes
qui finissent par s'y briser les ailes ? Eh bien
non ! Paris me fait peur, Paris m'en impose ;
je sens mon cerveau trop tendre et mes poignets
trop débiles pour aborder ce géant qui a terrassé
tant de lutteurs, tordu tant de volontés, et usé
tant de courages mieux trempés que le mien.
Paris m'épouvante, et à ses tourbillons, à ses
vertiges, à ses apothéoses et à ses chutes, je pré-
fère les hasards de la mer et les surprises que
me réserve peut-être un inconnu plus lointain.

Telles étaient les réflexions auxquelles je m'a-
bandonnais tout en contemplant, de l'arrière du
navire, le sillon que l'hélice creusait et brodait

d'une écume blanche. Peu à peu l'avenir, se dégageant des terreurs, des inquiétudes, des mille pressentiments noirs dont mon imagination s'était plu à masquer sa route, m'apparaissait moins obscur, moins sombre; la curiosité qui me poussait vers des rivages inconnus et absorbait en ce moment toutes les facultés de mon cerveau me faisait entrevoir par instants des horizons resplendissants, des aurores empourprées et des contrées lointaines baignant dans une lumière d'une douceur et d'un éclat infinis. C'était une première vision de l'Orient, qui, déchirant les ténèbres où tâtonnait mon âme, lui apportait un peu de chaleur et de sérénité.

Puis je sentais s'épanouir en moi ce bien-être, cet orgueil de l'homme qui ne dépend de personne, dont les caprices n'ont d'autre maître que sa volonté, et qui se trouve en possession de ressources suffisantes pour commander quelque temps encore à ce maître.

J'avais retiré de la maison de N... six mille francs qui me restaient de l'héritage paternel,

et, une fois en possession de cette petite fortune,
ma résolution avait été bientôt prise. Le peu
de temps qu'avait duré mon séjour en Algérie
avait suffi pour éveiller en moi l'amour des
voyages; pendant les loisirs de la vie de garni-
son, j'avais parcouru sur les cartes et dans les
livres ces pays dont les noms étranges éveillent
un monde de sentiments indéfinis ; un surtout
exerçait sur ma jeune imagination une attrac-
tion irrésistible : c'était l'Orient. Dès lors mon
plan était fait : je me dirigerais de ce côté-là et
je voyagerais tant que ma petite bourse me le
permettrait.

Avant de partir, j'avais pris soin de relire
Chateaubriand, Lamartine, quelques autres
encore, et les récits colorés de ces sublimes
voyageurs avaient fait passer dans mon âme tout
leur enthousiasme. Mon imagination, enflammée par ces captivantes lectures, faisait défiler
devant mes yeux éblouis tous ces grands et
poétiques noms, Stamboul, Chypre, Smyrne,
Jérusalem, et, à ces noms magiques, les rémi-
niscences classiques accouraient en foule et

détachaient chacun d'eux dans une auréole toute dorée des lumineux rayons du soleil oriental. J'allais donc enfin voir de mes yeux, toucher de mes mains, fouler réellement ces villes, ces déserts, ces vallées, ces montagnes, épaves des siècles passés, et qui m'avaient semblé jusque-là devoir appartenir à un autre univers. J'allais contempler de près ces descendants des patriarches, ces hommes bibliques, aux traits vénérables, aux longues barbes, aux costumes si pleins de poésie et de majesté. Ah ! ma tristesse s'était vite envolée à ces apparitions grandioses, et je ne me doutais pas qu'à l'heure solennelle du départ elle m'envahirait de nouveau plus intense que jamais. Cela devait durer peu de temps, il est vrai, et cette mélancolie que j'avais embarquée avec moi devait fondre peu à peu dans les flots de lumière bleue qui nous baignaient de tous côtés.

Je me suis enfin décidé, après juarante-huit heures d'isolement volontaire, à lie: connaissance avec mes compagnons de bord. La gaieté communicative et l'entrain de ces jeures gens, leurs saillies et leurs procédés honnêtes influent heureusement sur mon humeur et finissent par triompher de préoccupations qui n'ont pas d'objet ; je me surprends à plaisarter et à rire, ce qui ne m'est pas arrivé depuis longtemps. J'apprends par eux que les deux soi-disant déesses de café-concert font partie du haren d'un pacha de Constantinople, et qu'elles re iennent d'un congé à elles accordé par leur seigneur et maître

23 septembre.

Ce matin je dormais paisiblement sur la plus haute des trois couchettes qui s'étagent dans ma cabine, quand je me suis entendu appeler par Rossi, un jeune étudiant, un enfant d'Athènes, qui retourne dans sa patrie. J'ai ouvert les yeux et me suis penché vers le hublot. Des orangers aux pommes d'or, de blanches villas, des jardins, des pièces d'eaux et des terrasses toutes blanches défilaient devant moi, remplaçant l'immensité de la mer; le bruit de la machine avait cessé, et le navire, glissant avec légèreté sur la surface de l'eau, semblait effleurer silencieusement le rivage. Je m'habillai à la hâte ; j'entendais au-dessus de moi matelots et passagers qui se pressaient sur le pont. J'y montai, et je vis que nous venions d'entrer dans le golfe de Naples.

Naples ! est-il un nom sur terre qui, mieux que celui-là, résume à l'imagination captivée

toute la poésie d'un ciel bleu et d'un site enchanteur, toutes les voluptés d'une existence paresseuse au bord d'un golfe ensoleillé ou sous
l'ombre capricieuse des orangers ou des pins ?
N'est-ce pas le premier cri qui s'échappe de la
mélancolie d'une âme qui s'étiole et languit
sous de tristes climats? Au milieu d'une atmosphère tiède et embaumée, sous un azur immua-
ble, des palais, des villas, des terrasses, baignés
d'une douce lumière et s'étageant comme un
diadème de perles fines autour d'un golfe étince-
lant, des lazzarones sur le rivage, des bateliers
sur le golfe, partout des chants et des mélodies
d'instruments ; dans le fond du paysage, le
Vésuve avec son mince panache de fumée : telle
on se représente Naples, et telle en effet Naples
apparaît à l'œil ébloui et charmé qui s'attendait à une désillusion, comme toujours, et qui
comprend cette fois que son rêve ne l'a pas
trompé.

Quand j'arrivai sur le pont, le paquebot venait de s'arrêter dans la rade, au milieu d'un
remous d'écume qui grésillait autour de ses

flancs et lui formait une dentelle d'une blancheur éclatante ; le ciel était profondément bleu, une brise fraîche arrivait de la haute mer, et le spectacle enchanteur de la baie de Naples se déroulait devant nos yeux. Accoudés sur la balustrade, officiers et passagers contemplaient silencieusement ce paysage admirable, et les matelots se joignaient à nous comme s'ils fussent venus là pour la première fois.

Bientôt une volée bruyante de petites barques montées chacune par un ou deux bateliers en pittoresques haillons vint s'abattre au-dessous de nous, enserrant le navire et sollicitant les voyageurs. Les uns, négociants en laves du Vésuve, profession inconnue à Paris, nous offraient de petits blocs de cendre comprimée cueillis au fond du cratère au milieu des plus épouvantables dangers ; d'autres nous proposaient des souvenirs de Pompéi ; quelques-uns enfin, plus audacieux, se hissèrent jusque sur le pont, que l'étalage de leurs marchandises, leurs gestes et leurs cris changèrent en un clin d'œil en un vaste champ de foire. En même

temps des pizzicatos et des grincements de vio-
lons qu'on accorde se firent entendre à notre
droite ; nous courûmes de ce côté-là : trois ou
quatre pifferari étaient accroupis en rond sur
l'avant d'un canot, et de cet orchestre flottant
montait par bouffées, dans l'air pur du matin,
la mélodie si douce et si tendrement rythmée
du *Beau Danube bleu.*

Avec ma tendance à m'isoler de mes voisins
immédiats et à vivre de la vie des voyageurs ou
des héros dont j'avais lu les aventures, il ne
tenait qu'à moi de prendre cette affluence de
curieux, de marchands et de musiciens pour mo
seul, de me figurer que j'arrivais, en prince
oriental, dans ce beau golfe tout ému de ma
présence, et de m'imaginer qu'une réception fantastique m'attendait là-bas, sur ce quai que je
voyais fourmiller de seigneurs aux costumes
éblouissants, et dans ces palais dont le marbre
et l'or scintillaient sous les joyeux rayons du
soleil levant.

Un des violonistes, qui vint, d'une voix presque hautaine, me demander un maravédis,

interrompit mon rêve, et, regardant plus attentivement, je crus m'apercevoir que les brillants seigneurs qui stationnaient sur le quai avaient des allures et des oripeaux qui les faisaient singulièrement ressembler à des mendiants et à des lazaroni.

« Combien nous arrêtons-nous de temps, Monsieur? dit l'un de nous au capitaine. Pouvons-nous aller à terre?

— Vous n'avez que deux heures, Messieurs, nous répond-il; et dans votre intérêt, ajoute-t-il en souriant, je vous engage à rester à bord et à vous contenter du panorama que vous avez sous les yeux. Naples est bien beau à voir, mais surtout d'un peu loin, croyez-moi. »

Néanmoins la curiosité chez nous l'emporte sur les conseils de l'officier, que sa grandeur n'attachait pas au rivage, et trois jeunes gens et moi, nous hélons un canot. L'appel que nous jetons au hasard est ramassé par cinq ou six, qui accourent tous ensemble, se heurtent, et, au milieu des injures et des imprécations de leurs

bateliers, viennent se placer au bas de l'échelle.
Le capitaine, qui connaît ces gaillards-là, fait le
prix lui-même, et, avec une complaisance dont
nous le remercions vivement, il nous fait accompagner par un de ses marins.

La précaution n'était pas inutile; car nous
n'avions pas mis encore les deux pieds sur le
quai que nous étions obligés d'employer les
poings et les coudes pour nous frayer un passage
au travers des mendiants qui nous prenaient
à la gorge pour nous offrir leurs services, et qui
nous assourdissaient de leurs cris. Nous sûmes
gré au capitaine du renfort qu'il nous avait
donné.

Comme nous avions une heure à peine à
dépenser à terre, notre batelier devait nous
attendre sur le quai, à l'endroit précis où nous
avions débarqué; à peine étions-nous parvenus
à nous débarrasser des mendiants de profession
et des cicerone de contrebande que nous vîmes
ce malheureux se débattre désespérément au
milieu de ses collègues, qui étaient revenus à
terre en même temps que lui pour lui demander

compte de la préférence dont il avait été l'objet. Comme nous nous disposions à le secourir : « Laissez-les s'arranger entre eux, nous dit notre matelot ; c'est l'habitude, et ils ne se font jamais de mal. » En ce moment, par un mouvement instinctif, je portai la main à ma poche. Mon mouchoir avait disparu. Je ne dis rien, mais je boutonnai soigneusement mon veston sur ma chaîne de montre, et mes compagnons, qui me comprirent, en firent autant.

Notre intention n'était pas d'entrer dans aucun palais, ni de visiter les monuments et les musées : l'heure était peu propice, et le temps d'ailleurs nous faisait complètement défaut. Nous voulions simplement voir Naples — sans mourir — et fouler son sol, ne fût-ce que l'espace de quelques minutes. Nous suivîmes dans toute sa longueur une belle avenue, et arrivâmes à la *Piazza Reale*.

Il n'y avait pas cinq minutes que nous étions là, contemplant le magnifique panorama qui s'étend au-dessous de cette incomparable terrasse, qu'un monsieur à cheveux blancs, proprement vêtu de noir et en chapeau à haute forme, nous aborda fort poliment et nous dit en bon français : « Ces messieurs désirent-ils que je les conduise voir les *beautés* de la ville ? » Il appuya sur ce mot de *beautés* en clignant des yeux et en souriant avec grâce. La recommandation du capitaine nous revint alors à la mémoire, et nous tournâmes le dos à ce vénérable vieillard. Un peu plus loin, une dame assez élégamment vêtue, étant donnée surtout l'heure matinale, vint à son tour solliciter de notre munificence un petit secours, un rien, une pauvre pièce de monnaie. Je fus généreux, et glissai dans sa main gantée dix centimes dont elle me remercia avec effusion. Ces deux incidents en l'espace de quelques minutes et à une heure que l'on est convenu de qualifier d'indue nous suggérèrent bon nombre de réflexions peu charitables sur le séjour de Naples et sur la moralité de ses habitants. Il est probable que, si j'avais été un moraliste sévère, j'aurais inscrit sur mes tablettes, en regard du nom de Naples : « Corps charmant, âme gangrenée. » Mais il est plus évident encore que l'on m'aurait reproché de tomber dans le travers de cet Anglais qui, ayant rencontré tout d'abord une femme rousse en entrant à Paris, en tirait cette conclusion que toutes les Françaises étaient rousses.

L'heure du départ s'avançant, nous retournâmes sur le quai, où notre batelier criait et gesticulait de plus belle au milieu de ses compatriotes déguenillés. Du plus loin qu'il nous aperçut, il tendit les bras vers nous, et, avec force gestes d'une éloquence achevée, avec un flux de paroles véritablement désordonné, il nous prit à témoin de la bonté de sa cause et voulut nous ériger en juges du procès. Comme nous n'étions nullement disposés à siéger en plein vent, nous essayâmes de le calmer, lui représentant que l'heure s'avançait et lui montrant au large le paquebot prêt à partir. Enfin, après l'avoir poussé de force dans sa barque, lui avoir mis les avirons dans les mains, l'un de nous s'installa au gouvernail, et nous décidâmes notre Napolitain à agir au lieu de parler. Inutile de dire que le règlement de notre petite traversée ne se fit pas sans difficulté. Mais, pour mettre un terme à toute discussion, une fois que nous fûmes remontés à bord, le capitaine jeta l'argent convenu au batelier et lui conseilla, dans son intérêt, de regagner immédiatement le rivage; il s'y décida, non sans peine. Il était déjà loin que nous apercevions encore ses gestes furibonds et que nous entendions ses injures proférées dans toutes les langues connues.

Notre voyage fut favorisé d'un temps exceptionnellement beau. Le ciel et la mer étaient au bleu le plus foncé; c'était entre ces deux éléments une rivalité dont nous ne pouvions que profiter, et c'était un plaisir divin que de se sentir doucement glisser entre ces deux nappes d'azur. Pendant le jour une large tente était déployée sur la dunette, et son bienfaisant abri nous permettait de braver un soleil qui se faisait de plus en plus ardent. Mais le soir, à peine le dernier rayon disparu, il était rare qu'il ne s'élevât pas une petite brise fraîche, qui courait sur nos fronts et les soulageait de la pesanteur de l'après-midi. C'était le plus beau et le plus gai moment de la journée. Un matelot soulevait le vitrage grillé qui, du pont, donne dans le salon des premières; puis un amateur de bonne volonté se sacrifiait, et, descendant au piano, en faisait jaillir jusqu'à nous des bouffées d'harmonie. Ces mélodies nous arrivaient tamisées en quelque sorte par la brise de la mer, et avec des sons d'une pureté et d'une douceur que l'on eût dit appartenir à une harpe éolienne. Parfois les deux passagères en belle humeur, alternant avec le pianiste improvisé, nous servaient des chansons légèrement décolletées; ou bien, sentant fondre leur insouciante gaieté sous la mélancolie et l'émotion qu'éveille fatalement une douce soirée en pleine mer, elles soupiraient des romances plaintives auxquelles succédaient souvent des rires qui n'étaient plus de saison. Mais peut-on raisonnablement exiger d'une Française qu'elle garde son sérieux pendant une heure entière? Non, n'est-il pas vrai? Aussi ces accès de bonne humeur, loin de nous effaroucher, terminaient gaiement une journée gaiement commencée.

25 septembre.

Le matin du cinquième jour de notre traversée, le capitaine, nous indiquant du doigt cinq
ou six rochers calcinés épars çà et là sur le bleu
de la mer et tout dorés par les premiers rayons
d'un beau soleil, nous dit : « Recueillez-vous,
mes amis, et admirez. Nous voici au milieu des
îles de la Grèce ! »

Certes, en présence de ces blocs dénudés qui
furent des îles verdoyantes, de délicieuses oasis
en plein désert méditerranéen, des séjours
mystérieux qu'avaient habités des dieux et
des déesses ; en présence de ces rochers qui
portent maintenant encore des noms d'une
poésie adorable, j'aurais eu le droit de crier à
la désillusion, d'accuser amèrement les chantres
passionnés de cette Grèce qui n'est plus qu'un
squelette, et de faire les réflexions les plus mélancoliques sur la fragilité des choses humaines
en général, et particulièrement sur celle des
îles célèbres de l'antiquité.

Eh bien, non ! je le déclare hautement, je n'ai
pas eu, grâce au Ciel, un moment de désillusion.
Telle fut sur mon imagination doucement re-
muée la puissance des souvenirs, que je m'ex-
tasiai très sincèrement à l'aspect de ces roches
pelées qui furent les berceaux des fictions les
plus poétiques et qui en sont aujourd'hui les
tombeaux. Un ciel d'un bleu profond rayon-
nait sur nos têtes, et ces rochers, dont la blancheur nacrée émergeait de l'azur des flots, paraissaient posés là comme pour dérober aux regards
profanes les vallons délicieux, les bocages verdoyants et frais, les sources limpides, les grottes,
les oiseaux, les nymphes et les dieux que la
pensée entrevoit derrière leurs murailles. Oui,
les îles de la Grèce sont toujours belles, toujours admirables, toujours poétiques, pour les
âmes qui sentent, pour les yeux qui voient à
travers le prisme de l'imagination, pour les
cœurs qui remontent à ces temps adorables où
de chaque bosquet sortait une déesse, de chaque
touffe d'arbres une nymphe, où les oiseaux et
les dieux parlaient la même langue et vivaient

de la même vie. Cythère, Paros, noms magiques, noms mystérieux, qui faites d'une roche
aride une île enchantée et faites planer dans un
cycle d'or l'essaim des souvenirs les plus gracieux, je vous aime et je vous bénis, car je dois
aux mirages que vous avez évoqués à mes yeux
une des plus belles heures de ma vie.

                                    28 septembre.

Nous avons contourné hier le petit cap Ma-
tapan, dont un personnage singulier, affublé
d'une robe de moine, a fait depuis longtemps
son cap de Bonne-Espérance. Tout bateau en
effet qui passe en cet endroit est non pas ran-
çonné par lui, mais honoré de ses nombreux
saluts et des sons harmonieux qu'il ne manque
pas de tirer d'une espèce de corne à bouquin
suspendue à son cou. Les marins entretiennent
généralement de très bonnes relations avec
l'ermite, et lui font toujours l'amitié, quand ils
approchent de son domaine, de ralentir la
marche de leur navire et de raser le rivage au

plus près. Le moine descend alors de son rocher sur la grève, porte à ses lèvres l'instru-
ment de torture qui ne le quitte jamais, puis,
sa petite fanfare exécutée, il reçoit avec une sérénité douce les pièces de monnaie qu'on veut
bien lui lancer.

La première apparition de ce fantastique personnage aux voyageurs qui doublent le cap se
perd dans la nuit des temps. On l'a toujours vu
là, pieds nus et tête encapuchonnée, scrutant
l'horizon et dégringolant sur la plage à la première fumée qui raye le ciel bleu.

Pendant une partie de la nuit, l'image de ce
cénobite mélomane m'a trotté dans la tête et a
troublé mes rêves du bruit de son cornet. J'ai
pensé à lui une fois éveillé, j'y ai pensé longuement et je me suis pris à l'envier. Cet
homme est-il un saint, un philosophe, ou tout
simplement ce qu'on appelle, en style d'argot,
un *roublard?* c'est ce qu'il me serait agréable
de savoir. Peut-être est-il *roublard*, philosophe et saint tout à la fois; à coup sûr
c'est un homme heureux. Et comment ne le se-

rait-il pas? L'indépendance, le bien-être, que
tant de malheureux vont chercher au loin ou
s'épuisent à attendre chez eux, quel homme les
possède plus complètement que lui? Je suppose
volontiers que son âme est fermée aux vanités
de ce monde; mais enfin rien ne l'empêche de
se créer, quand il en a le loisir, des rêves de
grandeurs qui se trouvent réalisés chaque jour.
Il est souverain absolu sur ce promontoire désert que personne ne songe à lui disputer, et il
a pour sujets tous les voyageurs qui passent à
portée de son cornet, et qui, sans aucune envie de se révolter, lui apportent régulièrement
les subsides que tout monarque a le droit d'exiger. Ah! les moines ont fait un joli pas depuis
quelques siècles; jadis ils faisaient élection de
domicile sur le haut d'une colonne, ou se reti-
raient dans l'anfractuosité d'une roche, se nour-
rissant comme les bêtes du bon Dieu et ne songeant pas à extraire de leurs racines la moindre
liqueur. Les moines aujourd'hui gagnent le Ciel
à moins de frais et beaucoup plus agréablement:
tant il est vrai que le progrès n'est pas un vain

mot, et qu'il profite surtout à ceux qui font
profession d'en médire.

Hier nous avons relâché quelques heures au
Pirée, et, comme à Naples, nous avons pu descendre à terre juste le temps de nous asseoir
sur le quai à une table en plein vent, et de
goûter le fameux raki des Grecs modernes aux
pieds de la statue de Thémistocle. J'ai visité bien
des ports déjà et vu bien des marins, mais jamais il ne m'avait été donné de contempler une
collection aussi riche de types sauvages et féroces. Réellement un poltron se sentirait mal à
l'aise au milieu de ces figures de bandits, de
ces moustaches terrifiantes, de ces formidables
ceintures débordant de gaînes de poignards et
de crosses de pistolets, qui font de chaque marin
du Pirée un arsenal vivant. Dans l'intérieur des
terres, à quelques kilomètres, nous apercevons
sur le point culminant d'un rocher une masse
noire et déchiquetée : le rocher, c'est l'Acropole ;
la masse noire, c'est le Parthénon. Ah ! si nous
avions trois ou quatre heures de plus à dé-

penser! quel pieux pèlerinage ne ferions-nous pas
à ces ruines incomparables! Ce sera pour plus
tard. En regagnant le quai, nous passons devant la boutique d'un barbier; sur l'enseigne
s'épanouit sans vergogne ce nom magnifique :
Alcibiade! Serait-ce un descendant? Un chien,
orné à l'extrémité de son dos d'une queue inso-
lente, s'échappe en ce moment même de la boutique entr'ouverte et semble nous narguer en
passant.

CONSTANTINOPLE

E NFIN, aujourd'hui, 29 septembre, nous voici dans les eaux bleues du Bosphore; à notre gauche, la Corne-d'Or, ce promontoire de marbre et de verdure, entouré à sa base d'un rideau sombre de sycomores, s'avance dans la mer; en face, la colline de Péra se dresse, avec ses maisons blanches, que rembrunit le vert foncé des cimetières et que domine, à mi-hauteur, la tour de Galata. A droite, l'œil se repose sur le Bosphore baignant de ses eaux tranquilles les arsenaux, les palais et les villas; derrière nous, enfin, c'est Scutari, et dans le lointain les ombrages reposés de Buyukdéré et de Thérapia.

Le panorama de Constantinople a été tant de fois dépeint, et sous des couleurs si riantes, que je ne me sens pas le courage d'en aborder à mon tour la description. Cependant là je ne pus me défendre d'un moment de désillusion. Ce n'est pas que le voyageur n'ait sous les yeux un spectacle admirable ; mais on a tellement rêvé de coupoles d'or et de palais de marbre blanc, qu'on se sent un peu *désorienté* — c'est le cas d'employer ce mot — quand on entre dans le Bosphore. C'est un désappointement, du reste, qui ne dure pas, et, quand on revient là une seconde fois, on avoue que la vue de Constantinople est tout simplement une chose merveilleuse.

Quant à la ville elle-même, je ne crois pas être injuste envers elle en la traitant, suivant une expression de l'Évangile, de sépulcre blanchi. En effet, autant elle est pimpante, brillante et gaie vue du Bosphore, autant elle est, en réalité, sale et horrible à voir de près. Le batelier,

un Grec vêtu de blanc comme une jeune fille,
qui s'était chargé de mes bagages et de ma personne, me descendit sur une sorte de quai formé
de planches à moitié pourries, élevées sur pilotis, et à travers lesquelles on apercevait une
eau stagnante et couverte de détritus de toute
espèce. Puis, me faisant escalader la ville par des
rues étroites, tortueuses et sales, au milieu desquelles s'ébattent des nichées de chiens sans
maîtres, il me conduisit à l'hôtel d'Apollon,
tenu par un Français et situé tout près du
cimetière de Péra. Au premier abord, le voisinage n'avait rien de séduisant, mais je m'y ha-
bituai bien vite ; ce cimetière, qui redescend de
l'autre côté de la colline, ressemble à un jardin
public dont les bancs seraient des tombes ; de
longs cyprès se dressent çà et là, immobiles sous
le bleu du ciel avec leur verdure assombrie, et
les pierres tumulaires se hasardent jusqu'au milieu de la grande rue de Péra ; du reste, ni bar-
rières, ni gardiens : c'est un square dans lequel
on vient flâner le dimanche.

La première nuit que je passai à Constantinople fut troublée par un singulier rêve. Je m'étais endormi de bonne heure, le corps fatigué, mais l'imagination pleine des sanglantes tragédies dont la capitale des Osmanlis avait été si souvent le théâtre. Bientôt une de ces lugubres scènes s'en vint tout à point se dérouler sous mes yeux ; les cimeterres, les sabres, les poignards, étincelaient ; en même temps le sang coulait, les visages se crispaient, et, sous le ciel qui se voilait d'horreur, c'était un concert d'imprécations, de râles et de blasphèmes. Sous l'empire de ce cauchemar, j'entr'ouvris les yeux ; les mêmes cris, suivis de coups de feu, se firent entendre : je me demandai si je rêvais tout éveillé. Mais bientôt le doute ne me fut plus permis : un vacarme épouvantable, au milieu duquel les hurlements, les détonations d'armes à feu et les chocs de cimeterres s'entremêlaient désespérément, me réveilla tout à fait ; je sautai à bas de mon lit, en proie à une surprise qui n'allait pas sans inquiétude. Le bruit ne montait pas de la rue de Péra, sur laquelle donnaient les fenêtres de ma chambre, mais d'un quartier que je jugeai situé derrière l'hôtel. Je descendis les escaliers quatre à quatre sans rencontrer personne, et, courant du côté d'où venait le vacarme, je me trouvai tout à coup, absolument comme dans un conte des *Mille et une Nuits*, au milieu d'un fort beau jardin, brillamment éclairé, et garni d'une foule assise par petits groupes devant des tables vertes, foule qui me parut, du reste, fort paisible. Cela ressemblait peu à une tuerie, et je me pris à pousser un long soupir de soulagement. En tournant les yeux vers le fond du jardin, plus brillamment illuminé encore que tout le reste, j'eus l'explication du bruit effroyable qui m'avait éveillé. Cet emplacement, garni de plusieurs rangées de beaux arbres, se métamorphosait, pendant les nuits d'été, en salle de spectacle; et, au moment où j'y parus, la toile baissait sur un drame où les coups de fusil et les combats *à l'hache* remplaçaient sans doute le dialogue absent.

Je n'avais plus qu'à remonter chez moi et à dormir de mon sommeil le plus tranquille. Mais il était écrit que je ne fermerais pas l'œil cette nuit-là ; jusqu'au matin ce fut, dans la rue de Péra cette fois, un tumulte infernal de gens courant et frappant les portes à coups de *matraque,* et de chiens écrasés qui hurlaient lugubrement. Je refusai cette fois de me déranger, et le lendemain j'appris qu'un incendie, un de ces incendies de Constantinople qui dévorent tout un quartier, avait été la cause de tout ce tapage. « Et surtout, me dit mon maître d'hôtel, gardez-vous bien de quitter votre lit en circonstance pareille, à moins que le feu ne soit à vos propres rideaux. Toutes les nuits c'est la même histoire ; un incendie à Constantinople, c'est comme la pluie à Paris. Quand le feu prend quelque part, chacun reste chez soi, car il y a du danger à mettre les pieds dehors dans ces moments-là. Tous ces gens que vous avez entendus courir et frapper les portes, ce sont les pompiers, et ces messieurs, s'ils vous trouvaient sur leur passage, ne vous traiteraient pas autrement qu'ils ne traitent les chiens : bêtes ou gens, ils écrasent tout ce qui se présente. »

Cet homme était de bon conseil, et je suivis, durant tout mon séjour, ponctuellement ses recommandations. Comme mon intention était de rester peu de temps à Constantinople, j'eus encore recours à lui, et lui demandai comment je pourrais le mieux utiliser les quelques jours que j'avais devant moi.

« Vous n'avez jamais vu de derviches? me dit-il.

— Il y en a si peu en France !

— Désirez-vous les voir dans l'exercice de leur culte?

— Volontiers.

— Tournez donc, en sortant d'ici, à gauche, puis à droite; c'est à deux pas, et c'est précisément aujourd'hui leur grand jour; la cérémonie commence à deux heures. Allez, Monsieur, et que Mahomet, s'il en a le temps, vous accompagne ! »

Ainsi parla mon hôtelier de Constantinople; et, comme mon hôtelier de Constantinople était, je viens de le dire, un homme de bon conseil, je sortis immédiatement; je tournai à gauche, puis à droite, et me trouvai tout à coup en face du *téké* ou chapelle des derviches tourneurs. Ce téké est situé tout en haut de Péra, et n'est séparé du cimetière de ce nom que par la rue très étroite qui s'enfonce dans le quartier européen. On a, de ce point culminant de Constantinople, une vue admirable sur le Bosphore et sur la Corne-d'Or.

A la porte de la mosquée, stationnaient déjà bon nombre de curieux et quelques musulmans. Justement deux heures sonnaient. Après nous être déchaussés, selon l'usage plus antique que solennel de ces pays-là, nous fûmes introduits dans l'intérieur du téké, et je dois avouer que cette procession de gens tenant cérémonieusement leurs chaussures à la main n'avait rien qui disposât au recueillement.

Mais l'élégante simplicité de la salle, et surtout le panorama splendide et ensoleillé du Bosphore, qui s'encadrait dans les larges baies toutes grandes ouvertes de la mosquée, nous eut bientôt fait oublier ce petit incident. La pièce où nous venions d'entrer était un salon circu-

laire, sans autres ornements qu'un plafond revêtu de couleurs tendres, gracieusement arrondi
sous son dôme léger, et un parquet brillant ciré
avec soin; tout autour, courait une balustrade
mince derrière laquelle s'agenouillaient spectateurs et fidèles, et au-dessus de nos têtes s'avançait une tribune divisée en plusieurs cases
semblables aux loges de nos théâtres, les unes
grillées, pour les femmes, les autres ouvertes,
pour le sexe fort. Je cherchai des yeux l'orchestre, car il devait y en avoir un, mais je ne
vis rien.

L'aspect de cette salle, avec son pourtour
garni de spectateurs vêtus des costumes les plus
divers, n'avait rien de religieux ni d'imposant :
on se serait cru, chaussures à part, dans un
café-concert ou un petit théâtre de province
plutôt que dans un temple destiné à la prière.
Et, de fait, les exercices auxquels cette salle est
réservée tiennent beaucoup de la danse et fort
peu des cérémonies religieuses.

Il y avait un moment que nous étions là, accroupis en silence, pêle-mêle et la main sur

nos bottines par un sentiment de prudence qui
n'avait rien d'exagéré, quand une mélodie
douce, plaintive, d'un charme indéfinissable,
partit d'un orchestre invisible, et s'en vint flot-
ter sur nos têtes. Rien ne nous interdisait de
penser que ces accords mélancoliques descen-
daient du ciel en droite ligne. C'était comme le
prélude, timide et plein de grâce, d'un chœur
éolien, élevant les âmes, purifiant l'atmosphère
de toute idée profane et préparant la voie à un
chant large et brillant de séraphins. Bientôt, en
effet, ce bourdonnement musical devint plus
accentué; quelques coups sourds de tambourin
en rompirent la monotone harmonie, puis écla-
tèrent plus rapprochés et plus distincts. En
même temps, une porte dissimulée dans les
ornements dentelés de la boiserie s'ouvrit silencieusement à une encoignure qui nous faisait face, et les derviches parurent. L'orchestre
aussitôt cessa ses brillants éclats pour reprendre
en sourdine, tandis que les moines entraient sur
une seule file, la tête inclinée vers la terre et les
mains jointes sur la poitrine. Ils étaient une

douzaine environ, et leur défilé faisait songer au défilé de nos chartreux se rendant à matines. Vêtus d'une robe blanche serrée à la taille, un peu plus longue mais aussi évasée que les jupes de nos danseuses, la tête surmontée d'un bonnet de feutre ayant à peu près la forme d'un cône tronqué, ils s'avancèrent lentement, en silence, et firent deux ou trois fois le tour de la salle, frôlant de leurs jupes empesées la mince barrière qui nous séparait d'eux. Puis ils s'arrêtèrent : le premier, qui paraissait le chef, resta immobile un moment, et parut se recueillir ; puis, se retournant vers celui qui venait immédiatement à sa suite, il lui fit une profonde révérence, et, se séparant de ses compagnons, il étendit les bras et commença à tourner sur lui-même, d'un mouvement de valse lent et doux. Le second, s'inclinant à son tour devant le troisième, se mit à tourner également, et ainsi de suite jusqu'au dernier. La musique les accompagnait de sa mélodie voilée et sans rythme. Les révérences étaient finies, et les douze derviches tournoyaient maintenant en faisant in-

sensiblement le tour de la salle. Leurs jupes
s'arrondissaient dans ce mouvement uniforme,
et faisaient de chacun de ces moines une toupie
vivante que les sourdes détonations du tambourin venaient cingler de temps en temps.
Bientôt le mouvement de rotation, lent d'abord,
s'accéléra, les flûtes s'élevèrent peu à peu au
diapason le plus aigu, les tambourins firent
rage, et ce fut un véritable tourbillon. Les bras
en croix, la tête rejetée en arrière ou penchée
sur une épaule, les yeux demi-clos ou dilatés
dans une immobilité extatique, les derviches
tournaient, tournaient, sans jamais se heurter et
comme mus par un mécanisme invisible. C'était
un mouvement si rapide et si doux que leurs
pieds semblaient à peine effleurer le parquet;
nous étions à nous demander si la coupole
n'allait pas s'entr'ouvrir à un moment donné,
et si un dernier élan n'allait pas lancer dans le
ciel ces sylphes que rien ne paraissait plus rat-
tacher à la terre.

Il me serait difficile de rendre l'impression
presque émue que nous ressentions devant cette

danse religieuse qui en réalité n'agitait que des corps; on voyait que les âmes de ces fanatiques s'étaient envolées depuis longtemps dans les sphères immatérielles, et que ces formes humaines ne tournaient plus que par suite de l'impulsion donnée. Quelques-uns d'entre eux, les yeux étrangement dilatés, semblaient être arrivés au paroxysme de la béatitude : ceux-là tournoyaient furieusement, comme pris de vertige; ceux-ci, au contraire, plongés dans une extase plus douce, paraissaient avoir épuisé toutes les jouissances du paradis de Mahomet.

Peu à peu cependant le mouvement parut se ralentir et l'exaltation diminuer ; les tambourins et les flûtes, qui avaient encouragé et excité le progrès croissant de la valse, semblaient être épuisés et mollissaient aussi. Évidemment les âmes, rassasiées, reprenaient possession de ces corps qui demandaient grâce. Enfin, un derviche, après avoir tournoyé lentement une dernière fois, s'arrêta tout à fait et s'abattit lourdement contre la balustrade; un second, puis un troisième en firent autant. A en juger par les

sons de moins en moins fournis de l'orchestre,
le nombre des musiciens devait décroître dans
les mêmes proportions. Cinq ou six derviches,
cependant, tenaient bon et continuaient à tourner sans paraître s'inquiéter de la disparition
de leurs collègues. Puis eux aussi s'arrêtèrent
successivement, un dernier coup de tambourin
résonna faiblement, et tout rentra dans le silence.

Les religieux, les yeux fermés, le front ruisselant de sueur, affaissés dans les plis bouffants
de leurs jupes blanches, épars çà et là à l'endroit
même où ils s'étaient laissés tomber, semblaient
inanimés et inconscients encore de l'état où ils
se trouvaient. Leurs yeux s'entr'ouvrirent peu à
peu, leurs regards, vagues d'abord, parurent
voir enfin, et leurs visages, sur lesquels se peignait
l'étonnement de se trouver encore de ce monde,
n'offrirent plus que l'image d'une fatigue exces-
sive, d'une prostration complète. Après un moment de repos, ils se relevèrent avec peine, et
recommencèrent, sur une file, la promenade cir-
culaire qui avait inauguré leurs exercices ; puis

enfin ils disparurent comme des fantômes par la petite porte mystérieuse qui leur avait livré passage.

Cette séance de derviches tourneurs occupa mon esprit pendant longtemps. Quels étaient ces hommes? quel mobile les poussait à se livrer à d'aussi singuliers exercices, non dans le fond d'un couvent où nul œil indiscret et moqueur ne pourrait les voir, mais en public, devant d'autres hommes de toutes les religions, dans un salon largement éclairé et aux sons d'une musique tout à la fois bruyante et mélancolique? Ces moines musulmans étaient-ils des saltimbanques, de vulgaires bateleurs se donnant, moyennant rétribution, en spectacle à leurs compatriotes, et principalement aux étrangers ? Évidemment non. Ils ne m'avaient rien demandé, et je ne m'étais pas aperçu que personne leur eût rien donné.

Non, ces gens-là sont des croyants, des fanatiques, à coup sûr, mais dont les exercices après tout ont leur raison d'être, puisque ces mouvements désordonnés, ces danses excitantes, auxquels ils se livrent, tout en brisant leurs corps, ont la propriété de transporter leurs âmes dans des régions où l'on ne peut les suivre et de les enivrer de leur exaltation. Je ne me sentais pas, en me faisant ces réflexions, le courage de me moquer de ces pauvres diables ; ils m'imposaient plutôt une sorte de respect, tel qu'en peut inspirer le spectacle d'hallucinés qui n'appartiennent, pour ainsi dire, à notre pauvre monde que par les lois de la pesanteur qui les clouent au sol auquel nous sommes nous-mêmes rivés.

Ces derviches tourneurs ont des collègues, des rivaux peut-être, les derviches hurleurs, qui opèrent de l'autre côté du Bosphore, à Scutari, et dont les exercices sont, paraît-il, d'un sinistre et d'un terrifiant qui ne laissent rien à désirer. Mais les exercices de ces concurrents n'ont lieu qu'une fois par semaine, et ce nouveau spectacle m'aurait mis dans la nécessité d'attendre le paquebot suivant et de différer ainsi mon départ de huit jours. Je n'avais pas à hésiter, et le séjour de Constantinople ne m'offrait pas des distractions suffisantes pour le prolonger ainsi.

Cependant il m'eût été pénible de quitter la vieille Stamboul sans voir, sinon le harem du sultan, du moins le sultan lui-même, le prince des croyants, Abd-ul-Azis, le successeur immédiat du terrible vainqueur des janissaires.

A beau mentir qui vient de loin, dit un proverbe qui n'a plus guère de raison d'être, les distances étant à peu près supprimées ; mais enfin, en vertu de ce proverbe, il me serait loisible de raconter, comme l'ont fait certains voyageurs, que je suis parvenu à m'introduire, sous un déguisement fantastique, dans le harem de Sa Hautesse, et que je l'ai surprise là au milieu d'une conférence aussi intime qu'intéressante avec ses douze ou treize cents femmes. Mais un pareil conte serait accueilli sans doute avec peu de faveur, le public étant devenu d'un scepticisme achevé ; puis la déesse qui a fait élection de domicile au fond d'un puits ne me pardonnerait pas de lui infliger un pareil affront, et je tiens énormément à ne perdre jamais l'estime de cette personne peu vêtue.

Du reste, à supposer qu'à force de machinations et d'adresse je fusse parvenu à pénétrer là où les profanes ne pénètrent pas et à dépasser un seuil devant lequel les musulmans se prosternent avec une terreur salutaire, il est probable que, pour conserver à mon récit toute la poésie et le romanesque désirables, je devrais l'enjoliver de nombreuses fioritures. Il est certain en effet que le harem, de même que Constantinople, de même que tout ce qui touche à la vie orientale, doit, pour conserver son cachet et son éclat, être contemplé d'un peu loin et à travers le prisme flatteur de l'imagination. Plusieurs fois par la suite, soit sur les bateaux turcs et même les paquebots européens, soit plus prosaïquement dans des chambres d'auberge, il m'a été donné de contempler quelque gros musulman au milieu de ses femmes, et je dois déclarer que ces harems ambulants n'ont en général rien de séduisant et rien de poétique. Je veux bien que ce ne soient pas là des modèles du genre, et il serait injuste d'établir une comparaison quelconque entre les belles et blanches odalisques aux corsages plaqués d'or, étendues mollement sur des tapis de Smyrne et fumant paresseusement le blond latakié dans le harem d'un pacha, et les malheureuses créatures obligées de suivre sur terre et sur mer quelque gros trafiquant aussi avare que peu délicat.

Cependant, même en ce qui concerne les harems des beys, des pachas et d'Abd-ul-Azis en personne, on aurait tort de prendre au pied de la lettre des récits fantastiques et pompeux qui trahissent plus d'imagination que de souci de la vérité. Le sultan Abd-ul-Azis a, dit-on, de douze à quinze cents femmes, et nous comprenons tout ce que les révélations contenues dans ce chiffre peuvent apporter de trouble au sommeil des collégiens. Mais ces quinze cents femmes sont simplement enrégimentées : à part le colonel, la sultane, veux-je dire, et cinq ou six favorites, toutes les autres ne sont que de malheureuses esclaves de tout âge et de toute couleur, qui font office de servantes et sont traitées comme telles. Il n'est pas un Turc, à Constantinople, qui n'ait vu, le matin, entrer dans le

palais du sultan des soldats porteurs de gamelles
ou de plats d'étain dans lesquels mijotent des
ragoûts peu ragoûtants. Vous croyez peut-être
que ce service grossier et cette nourriture sordide sont destinés aux troupes qui gardent le sérail ou aux bêtes domestiques qui en encombrent
les cours ? Détrompez-vous ! c'est le dîner du
harem que l'on apporte ainsi du dehors. Quant
aux tapis moelleux, aux éventails en plumes de
paon, aux meubles incrustés de laque, aux
divans capitonnés de soie et d'or, aux tarbouchs
coquets, aux porte-tasse en filigrane, aux casso-
lettes d'encens et aux coffrets précieux débordant
de cigarettes exquises, demandez-en des nouvelles
au colonel déjà cité et aux officiers supérieurs.
Sur les quinze cents femmes, quatorze cent
cinquante au moins ne connaissent ces splen-
deurs et ces raffinements que de nom, ou ne les
ont connus que l'espace de quelques heures.
Beaucoup d'elles sont vieilles et ont appartenu
au harem du prédécesseur ; on les garde par
pitié ; d'autres, les jeunes, sont, au bout de quelque temps, mariées aux pachas ou aux officiers

du palais ; le reste végète et grouille dans les combles du sérail.

Je ne connais donc, du harem du sultan, que ce que j'en ai entendu raconter. Quant au sultan lui-même, j'eus occasion de le voir de bien près la veille de mon départ. Tous les vendredis, à midi, il se rend en grande pompe à une des mosquées de Constantinople pour y faire ses prières, et aussi pour faire voir à son peuple qu'il est bien vivant. Je n'eus garde de manquer à ce spectacle, et à onze heures précises j'allai me poster aux environs du palais de Tcheragan, résidence ordinaire de Sa Hautesse.

La grande et belle avenue plantée d'arbres qui longe la cour du palais était déjà couverte de troupes, de curieux, de cavaliers, et sillonnée de voitures. C'était en plus petit, mais aussi en plus pittoresque, le spectacle qu'offre, à Paris, la grande avenue des Champs-Elysées un jour de revue ou de grand prix. Les soldats turcs, l'arme au pied, étaient rangés en ligne sur une longueur de cent mètres au moins, et, par la haute et magnifique porte du sérail grande ouverte, on apercevait, stationnant dans la cour, au pied du grand escalier, les eunuques, les pachas et les officiers de toutes armes. Le ciel était d'un bleu admirable; un soleil vif et gai se jouait dans le feuillage sombre des sycomores et s'éparpillait en étincelles dorées sur les fusils des soldats et les larges cimeterres des officiers. Des coupés élégants, fabriqués à Paris ou à Londres, passaient avec lenteur, permettant d'entrevoir sous la gaze légère des yachmacks les frais visages des belles Turques s'épanouissant dans la lumière bleue ou rose des stores à demi baissés.

A midi précis un grand mouvement se fit parmi les troupes massées devant le palais; une sonnerie de clairons retentit, et les rangs s'alignèrent à la hâte. Je me trouvai justement vis-à-vis de la grande porte massive, et je voyais, au fond de la cour, au bas du large perron qui précède l'entrée du sérail, les pachas énormes qui, les deux mains croisées sur leur ventre, selon l'étiquette, et le haut du corps humblement incliné, formaient la haie sur le passage que devait suivre le sultan. Ce dernier parut

enfin, descendit lentement les degrés, et, se his-
sant avec lenteur sur un cheval plus chargé de
pierreries qu'une artiste de petit théâtre, il se
mit en marche et sortit du palais. Les pachas
redressèrent avec peine leurs échines ployées en
deux et s'ébranlèrent pesamment à la suite du
monarque. En ce moment les fanfares sonnèrent,
les tambours battirent aux champs, le sultan
passa devant le front des troupes, et le défilé
commença.

Abd-ul-Azis me parut tel qu'on me l'avait
dépeint, c'est-à-dire avec un visage bouffi, un
œil terne, et l'air ennuyé et blasé d'un homme
qui a épuisé toutes les jouissances et toutes les
curiosités. Il se laissait bercer au pas de son
cheval, une bête magnifique, mais de peu guerrière allure, et il regardait à droite et à gauche
d'un air indifférent. Immédiatement derrière
lui venait le chef des eunuques, un nègre colossal, à pied, puis les pachas également à pied, et
tous avec l'attitude de rigueur dans les cérémonies publiques auxquelles assiste le sultan, c'est-
à-dire les yeux baissés et les mains croisées sur

le ventre. Comme la plupart de ces hauts di-
gnitaires étaient d'une obésité prodigieuse, ils
marchaient difficilement, pesamment, humbles
et serviles comme des chiens qu'un brigadier
mènerait à la fourrière. Quelle pitié, grand
Dieu! et comme à la vue de ces esclaves, sous
qui d'autres esclaves se courbent à leur tour, je
remerciai le Ciel de m'avoir fait naître loin de
ces belles contrées!

BEYROUTH

***

20 octobre.

Ah! la belle et charmante ville! l'adorable pays! et comme je comprends bien l'enthousiasme de Lamartine à la vue de ces frais ombrages, de ces maisons blanches étagées sur le bord de la mer et à demi enfouies dans la verdure, et de ces gracieuses petites vallées qu'on entrevoit au loin dans les flancs roses du Liban!

Pauvre Lamartine! c'est là, c'est à Beyrouth, qu'avant d'arriver à Jérusalem, il devait trouver son calvaire! Cette halte au milieu de jardins riants devait être pour lui une halte funéraire, ces orangers devaient se changer en cyprès, et ce

7.

doux soleil, si pur et si joyeux, allait illuminer de ses reflets roses l'agonie douloureuse de sa bien-aimée Julia !

Pauvre Lamartine ! Mon premier pèlerinage, en débarquant à Beyrouth, a été pour cette chambre, à la tapisserie fanée maintenant, où la belle jeune fille est morte. Par cette petite fenêtre dans laquelle vient s'encadrer le grandiose spectacle de la mer, j'ai contemplé tristement ces flots si tranquilles, cet horizon si pur où l'on croit voir au loin l'image de la France, cette immensité rose et bleue dans laquelle le grand poète a dû voir si souvent voltiger l'âme de sa fille. Une vieille femme maronite habite près de là ; enfant, elle a été au service de Lamartine, elle a vu mourir Julia, et elle a pleuré en me racontant les derniers moments de la petite Française. Aujourd'hui la maison est habitée par une famille du pays, mais la chambre de Julia a été respectée, et je ne puis m'empêcher de croire que l'âme de la pauvre enfant vient quelquefois s'y reposer.

Ce pèlerinage éveilla en moi une impression

de mélancolie que je n'avais pas ressentie depuis mon départ de Marseille. Les incidents gais ou intéressants de la traversée, le mouvement et l'animation bruyante de Constantinople et des ports où j'avais relâché depuis, le spectacle et l'étude de mœurs, de types, que jusqu'alors je n'avais connus que par des récits plus ou moins fantaisistes, avaient arraché mon âme à cette tristesse, à cette tendance à un scepticisme sauvage, qui est le fond même de ma nature. Une distraction continue, un éblouissement perpétuel, avaient tenu ma curiosité en éveil, et m'avaient empêché de tourner mon regard en dedans de moi-même. Ici au contraire, sur le rivage désert de cette mer infinie, sous cette voûte pure qu'emplissait une brise toute parfumée de la senteur des pins, devant ces admirables montagnes du Liban, au milieu enfin de ce paysage si poétique et si embelli par la légende, je sentais mon âme s'élever, et, suivant l'impulsion de mes pensées, mon cœur se dilater et se serrer tour à tour. La journée se passa ainsi en promenades solitaires. J'avais franchi l'enceinte de la ville, et, abîmé dans mes réflexions et dans ma mélancolie, je suivais lentement la plage déserte. Je ne rebroussai chemin que lorsque la nuit fut tout à fait venue.

Beyrouth est, après Smyrne, la plus grande et la plus importante des échelles du Levant. C'est surtout la ville la plus française : car, bien qu'elle compte une population de quatre-vingt mille habitants parmi lesquels trois ou quatre cents Français au plus, tout le monde y parle notre langue.

Je ne m'attarderai pas à faire ici une longue description de la ville et de ses environs. Qu'il me suffise de dire que sa situation est exceptionnellement belle; je ne connais guère que Naples qui, sous ce rapport-là, puisse rivaliser avec elle; et, si j'avais une comparaison à faire ou une préférence à exprimer, ce n'est peut-être pas la campagne du Vésuve qui l'emporterait. Pour le voyageur qui la contemple de deux lieues en mer, la ville de Beyrouth apparaît couchée dans un nid de feuillage et adossée aux premiers contre-forts du Liban.

Il est de mode, parmi les poètes et les touristes, de comparer les villes de la côte asiatique à de paresseuses sultanes faisant la sieste à l'ombre des palmiers, et livrant leurs membres voluptueux à l'âcre baiser des flots et aux caresses enivrantes d'une brise parfumée. Ces images poétiques, qui généralement sont mises en vers et armées de rimes plus ou moins riches, peuvent s'appliquer à Beyrouth aussi bien qu'à Smyrne et à Constantinople. Peut-être serait-il juste d'ajouter que si Beyrouth est une sultane, c'est une sultane qui s'est mise dans le commerce, et qui tient les portes de son harem toutes grandes ouvertes aux trafiquants de bonne volonté qui viennent à elle le rameau d'or à la main. Le commerce de détail, à Beyrouth, est presque entièrement aux mains des Maronites, qui forment le gros de la population ; mais les Anglais et les Français y ont établi de nombreux comptoirs.

A l'hôtel du Liban, où j'étais descendu, j'avais trouvé toute une colonie de jeunes compatriotes, qui représentent là les deux grandes qualités françaises : l'amabilité et la gaieté. C'étaient Lucien Collomb, MM. Aubin, Callet, Sanderson, et d'autres encore. Tous les jours, sur les quatre ou cinq heures, nous montions à cheval et poussions des charges furieuses sur la route qui conduit aux Pins ou sur le sable de la plage. Malheur à ceux qui se trouvaient sur notre passage! Les Arabes ont une très mauvaise habitude : celle de tenir le milieu de la route et de se déranger difficilement à l'approche des voitures ou des cavaliers. Nous, de notre côté, nous avions pris la non moins déplorable habitude de passer sur le corps de ces mécréants toutes les fois qu'ils nous y forçaient : la patience n'a jamais été comptée au nombre des vertus françaises. Nos victimes du reste ne s'en portaient pas plus mal et se relevaient en jurant : c'était tout.

Le soir, nous allions parfois jeter un coup d'œil de philosophes dans les cafés arabes où, devant un public blasé et pourri jusqu'à la moelle, se jouaient les immondes farces du *Karagueus*. Mais parfois aussi l'ignoble tréteau était mis à bas, et un conteur de bonne volonté venait débiter, avec sa mimique tout orientale, un de ces interminables récits dans lesquels Antar jouera, jusqu'à la consommation des siècles, le principal rôle. Il fallait voir alors ces mêmes figures, convulsées naguère par les exhibitions grotesques du *Guignol* arabe, s'illuminer tout à coup, graves et solennelles, au récit de quelque haut fait, ou s'épanouir d'aise à l'audition de quelque poétique légende : c'étaient alors des bouches béantes, des regards fixes, des rires bruyants ou des émotions contenues. Quant à nous, misérables vestons égarés dans ce flot de burnous, la cigarette aux dents et accroupis sur nos talons dans une pose que nous tâchions de rendre indolente, nous restions là des heures entières, au milieu de la fumée des chiboucks et du *gloussement* des narguilhés, et nous nous sentions vraiment empoignés par le spectacle de ce conteur dont la moindre impression, fière, ironique ou tendre, passait comme un éclair de son visage sur les visages de tout son peuple d'auditeurs. Dans le silence religieux de la salle les bruits du dehors nous arrivaient avec un assourdissement monotone accompagnant en sourdine les éclats de voix du conteur, et par la porte grande ouverte, qui jetait dans la nuit un flot de lumière, on voyait tour à tour surgir de l'ombre et s'y enfoncer les burnous blancs des Arabes et les vestes brodées des Maronites.

Cependant la soirée s'avançait, des bouffées d'air pur nous venaient souffler sur la nuque, et, secouant un commencement de somnolence que rendait excusable notre qualité d'Européens, nous laissions là Antar et ses admirateurs, et reprenions tout doucement, par le calme d'une belle nuit, le chemin de notre hôtel. C'est alors que, sous l'obscure clarté qui tombait des étoiles, suivant la belle expression du poète, Lucien Collomb, pour qui depuis longtemps la langue arabe n'a plus de secrets, nous initiait aux beautés de la littérature orientale, et méritait ainsi d'être par nous solennellement proclamé le Scheherazade mâle des temps modernes.

Et c'est qu'elle est vraiment étonnante d'humour et de fine ironie, cette littérature si peu connue encore et dont les *Mille et une Nuits* sont un des monuments les plus achevés. Tout le monde a lu cet admirable livre si débordant d'imagination, ce livre qui vieillit avec nous, ou plutôt nous fait croire, en le lisant, que nous sommes restés jeunes ; mais il est un autre ouvrage du même genre, les Contes du fou d'Haroun-al-Raschid, qui n'a jamais été traduit jusqu'à présent et qui est par conséquent inconnu en France. Je ne résiste pas au désir d'essayer, d'un de ces contes, une traduction qui n'en donnera malheureusement qu'une bien faible idée.

LE CHEVAL DU SULTAN

Le sultan Haroun-al-Raschid avait, parmi les animaux qui s'ébattaient librement dans les vastes cours de son palais, un cheval, nommé Selam, qui passait pour le plus doux et le plus

rapide en même temps de tous les chevaux de
Bagdad. Aussi son maître le chérissait-il par-
dessus tout, à tel point qu'il avait juré bien haut
que, si la noble bête venait à mourir, il ferait
sûrement couper la tête à celui qui lui viendrait
annoncer une si fâcheuse nouvelle.

Or, à quelque temps de là, il arriva précisément que ce cheval extraordinaire, qui avait
toutes les vertus moins l'immortalité, tomba
malade et mourut. Qu'on juge de la douleur et
de la consternation qui envahirent les courti-
sans d'Haroun-al-Raschid à cette terrible nouvelle ! Qui se chargerait de la lui annoncer ? Il
n'en était pas un qui, à cette pensée, ne sentît
sa tête trembler sur ses épaules. Ils s'assem-
blèrent et se consultèrent, et ils discutaient déjà
depuis longtemps avec de grands gestes sans
parvenir à s'entendre, quand l'un d'eux s'écria
soudain : « Eh ! mes amis, qu'avons-nous tant à
délibérer ? Il n'y a qu'un homme dans tout
l'empire qui puisse nous tirer de ce mauvais pas.
— Et quel est-il ? interrogèrent les autres, attentifs. — Ne le devinez-vous pas ? Quel autre

qu'Abou-Kassem, le fou du sultan, pourrait nous rendre ce service? »

Justement Abou-Kassem passait près de là en ce même moment. Il vit que l'on parlait de lui, et, s'approchant, il s'informa de quoi il s'agissait.

« Il y a, Abou-Kassem, lui répondit-on, que Selam, le cheval favori de notre maître, est mort, que le sultan a promis de faire couper le cou à celui qui lui annoncerait cette fâcheuse nouvelle, et qu'il n'y a qu'un homme dans tout Bagdad qui soit assez puissant auprès du Commandeur des croyants pour accomplir cette mission sans danger et pour se couvrir de gloire en nous sauvant la vie à tous. Cet homme, c'est toi. Le sultan t'aime, te protège, tu l'amuses, il ne peut se passer de toi, et assurément, au lieu de te punir, il te récompensera magnifiquement de t'être dévoué pour tes frères. »

Ce discours ne produisit pas tout d'abord sur Abou-Kassem l'effet qu'en attendaient ses auteurs; néanmoins il l'ébranla, et la promesse de deux sacs remplis jusqu'aux bords de belles et

bonnes piastres le décida tout à fait. Il jura par
tout ce qu'il y avait de plus sacré qu'il accompli-
rait une mission si difficile, et il demanda
trois jours pour tenir son serment.

Pendant ces trois jours, Abou-Kassem resta
enfermé chez lui sans paraître à la cour, et, la
fin du troisième jour étant venue, il se frotta le
visage de poussière, déchira ses vêtements, cou-
vrit ses sandales de boue, et, dans l'attitude
d'un homme qui viendrait de faire un long
voyage, il se présenta devant le sultan.

Ce dernier tomba dans un étonnement profond en apercevant son fou dans ce misérable
état, et, après l'avoir considéré longuement :
« Eh! grand Dieu! lui dit-il, Abou-Kassem,
d'où viens-tu ainsi fait, et avec un costume si
sordide que ta mère, si elle te voyait, refuserait
de te reconnaître pour son fils?

— Ah! Sire, répondit le fou après s'être incliné jusqu'à terre et avoir baisé respectueusement
le bas de la robe d'Haroun-al-Raschid, je viens de
faire un voyage dont Sa Majesté sera agréablement surprise si elle daigne en entendre le récit. »

Le sultan lui ayant fait connaître d'un signe de tête qu'il était prêt à l'écouter : « Je savais, Sire, continua Abou-Kassem, que ton nom était respecté et vénéré dans tout l'empire, et j'en étais si heureux que j'ai voulu en juger par moi-même, et que, dans ce but, j'ai parcouru à pied tous les États de Ta Grandeur.

— Et que dit-on de moi, Abou-Kassem?

— Ah ! Sire, le Commandeur des croyants est encore plus aimé qu'il ne pourrait se l'imaginer. Figure-toi donc que dans les plus petites villes, dans les moindres villages, on ne s'entretient partout que de toi, de ta justice, de ta puissance, de ta générosité. Tout le monde fait des vœux pour toi, et adresse au Ciel les plus ardentes prières pour qu'il te conserve éternellement parmi nous.

— Vraiment, Abou-Kassem?

— Oui, tous, les hommes, les femmes, les enfants, ont continuellement les bras levés au ciel pour implorer et remercier Dieu.

— Vraiment, mon bon Abou-Kassem?

— Les arbres eux-mêmes élèvent leurs

branches au ciel, et les fleurs leurs corolles.

— Vraiment, mon excellent Abou-Kassem?

— Enfin, il n'est pas jusqu'à Selam, ton cheval favori, qui ne se tienne les quatre jambes en l'air, comme pour invoquer la Divinité.

— Que dis-tu, les quatre jambes en l'air! mon cheval! Mais alors il est mort?

— Sire, tu l'as dit, mais je supplie en grâce Ta Majesté de vouloir bien convenir que je ne le lui ai pas annoncé. »

Haroun-al-Raschid rit beaucoup de l'adresse qu'avait mise son fou à lui faire connaître la fâcheuse nouvelle, et non seulement il ne lui fit pas couper la tête, mais encore il ordonna à son grand vizir Giafar de lui compter mille écus d'or.

Voici, tiré du même recueil, un autre conte, qui n'est pas précisément humoristique, mais qu'on dirait bien plutôt emprunté à l'*Élite des Contes du sieur d'Ouville*. Il est difficile de le rendre dans toute sa crudité, le français n'ayant pas, comme le latin et surtout l'arabe, le privilège de braver l'honnêteté.

Un jour le sultan Haroun-al-Raschid, étant en belle humeur, fit venir son fou Abou-Kassem et lui dit :

« Abou-Kassem, j'entends partout vanter ton esprit et l'adresse avec laquelle tu sais te tirer des plus grandes difficultés. Eh bien, je vais mettre cet esprit à l'épreuve. Il faut que d'ici trois jours tu commettes une action criminelle, et que tu trouves, pour te disculper, une excuse plus criminelle encore que l'action. Va, je te donne trois jours, ou tu auras la tête tranchée. »

Abou-Kassem, pour cette fois, se crut perdu, et pendant trois jours entiers il erra par les rues de Bagdad, se creusant inutilement la tête sans rien trouver. Enfin, le soir du troisième jour, il se promenait mélancoliquement dans les jardins du sérail, quand, avisant le sultan qui faisait à cette heure-là sa promenade ordinaire, une idée lui vint. Il s'approcha sournoisement d'Haroun-al-Raschid, et poussa l'audace jusqu'à porter une main profane sur... le bas des reins de Sa Majesté.

Le sultan, furieux, se retourna, et, comme il s'apprêtait à châtier l'insolent :

« Que Ta Majesté veuille bien me pardonner, Sire, s'écria Abou-Kassem, j'ai cru que c'était la sultane. »

Haroun-al-Raschid rit beaucoup de l'excuse, et convint volontiers que son fou méritait une récompense.

J'ai passé à Beyrouth trois mois aussi tranquilles que je pouvais le désirer. Ayant complètement oublié le passé, refusant de songer à l'avenir, je n'avais d'autre souci que de faire durer aussi longtemps que possible les quelques milliers de francs qui me restaient.

Le mois d'octobre touchait alors à sa fin, et depuis mon départ de France, c'est-à-dire depuis un mois, je n'avais pas eu un seul jour de pluie. Ce temps admirable devait se continuer durant tout mon séjour en Syrie. Pendant le jour, le soleil chauffait, il est vrai, terriblement ; mais les maisons en Orient sont construites et

aménagées de telle sorte que l'on s'y garantit de
la chaleur beaucoup mieux que dans nos climats plus tempérés. Quant aux nuits, contrai-
rement à ce que j'avais observé en Algérie,
elles étaient douces et sans humidité : aussi,
jusqu'au milieu de novembre je laissai pendant
mon sommeil les portes de ma chambre toutes
grandes ouvertes, et je ne m'en portai pas plus
mal.

Pauvre chambre ! comme je la regrette aujourd'hui que, perdu dans un des plus pauvres
et des plus tristes quartiers de Paris, je reporte
ma pensée à ce beau ciel dont j'ai joui trop peu
de temps ! Je l'avais choisie tout en haut de
l'hôtel du Liban, situé lui-même à mi-côte au
milieu de Beyrouth, et construit, comme toutes
les maisons arabes, avec une cour intérieure
ornée d'une fontaine et entourée d'un por-
tique sur lequel s'ouvraient toutes les pièces de
l'hôtel.

Ma chambre, dont le plancher en sapin à peine
équarri était recouvert entièrement d'une natte
de palmier, donnait d'un côté sur cette cour,

par la porte d'entrée, et de l'autre côté, au levant, sur une large terrasse d'où j'avais une vue
splendide sur la mer, sur les habitations voisines et sur la chaîne rose du Liban. Il est difficile d'imaginer un logement plus tranquille,
plus gai et plus aéré. Dès le matin, avant même
le lever du soleil, des centaines de moineaux
s'abattaient sur ma terrasse, se hasardaient jusque
dans ma chambre, au pied de mon lit, et, au
moindre mouvement que je faisais, s'enfuyaient
épouvantés pour revenir une minute après. A
cinq heures du matin, le soleil y dardait ses
premiers rayons et la mer y envoyait la plus
fraîche de ses brises. Des voiles blanches sortaient du port, pendant qu'au large un paquebot, comme un volcan en miniature, rayait l'a-
zur du ciel d'un mince panache de fumée.

Que de fois je l'ai arpentée, cette belle terrasse, un livre à la main ou le regard ébloui par
l'incomparable spectacle qui s'étalait devant moi !
Quel endroit pouvait être plus propice aux lectures, aux études, aux méditations ? Parfois cependant l'image de Paris, que je n'avais pas eu

le temps de connaître, mais dont je devinais le bruit, l'agitation, les joies bruyantes, passait comme un ouragan dans cette solitude paisible où mon esprit se reposait ; mais cette vision, qui ne faisait qu'apparaître, n'avait d'autre résultat que de me faire goûter d'une manière plus complète les délices de cette belle nature, les charmes de cette existence tranquille, sous le plus beau ciel et au milieu du plus aimable paysage qu'il m'était permis de désirer. J'éprouvais là un repos de l'esprit que je n'avais pas connu encore : aussi avais-je pris l'habitude de consacrer à ces promenades solitaires sur ma terrasse la plus grande partie de la journée. Je ne la quittais guère que le soir pour monter à cheval avec mes amis de Beyrouth ou parcourir en leur compagnie les quartiers intéressants de la ville.

Je ne restai cependant pas inactif pendant ce séjour de trois mois à Beyrouth, et je ne voulus pas partager exclusivement mes heures de la journée entre la vie contemplative et les courses dans le Liban. L'ambition, ce monstre séduisant qui a égaré tant de belles âmes, à ce que préten-

dent les moralistes, vint me tendre ses premiers
rets au moment où j'y songeais le moins ; elle
s'insinua doucement dans mon esprit, et, me
montrant d'une main la gloire, de l'autre la
fortune, elle me suggéra une idée que j'eus le
tort d'accueillir avec trop d'enthousiasme : à l'en
croire, à en croire surtout le complice qui l'aida
dans ses menées insidieuses, j'allais tout simplement immortaliser mon nom dans ces contrées
lointaines par une création dont le besoin se
faisait vivement sentir et dont les bénéfices
incalculables me permettraient d'achever dans
une orientale splendeur une vie commencée si
obscurément. J'arrive au fait.

Dans le même hôtel que moi était venu se loger,
quelque temps avant mon arrivée, un Français,
un Parisien, M. Millieux, ex-chirurgien des armées françaises, chevalier de l'ordre du Medjidié et honoré de plusieurs autres décorations
étrangères. C'était du reste un bon homme et
un honnête homme, aimant à raconter ses antiques prouesses avec les Kabyles et ses incomparables succès auprès des belles. Il était jovial

de sa nature, d'une familiarité exubérante, et, malgré son obésité qui avait résisté à tous les assauts de la mauvaise fortune, il montait lestement à cheval et ne manquait jamais une occasion de se joindre à nos courses folles. Avant 1870 il avait dirigé une maison de santé à Neuilly, je crois, et s'était mis à la tête d'une ambulance pendant le siège. Puis, une fois la guerre finie, ayant retrouvé sa maison de santé bien malade, désespérant de recueillir les débris de sa clientèle dispersée, il avait entrepris, en dépit de ses cinquante ans, d'aller chercher fortune à l'étranger. Après avoir tâtonné quelque temps à Naples, à Constantinople, à Smyrne, il était venu enfin s'échouer à Beyrouth, un peu moins riche qu'au moment de son départ, et bien revenu déjà des illusions qui lui avaient fait quitter Paris.

Quand je débarquai à mon tour à Beyrouth, le docteur Millieux, installé dans une des plus pauvres chambres de l'hôtel, en était presque réduit, malgré ses certificats et ses décorations, à tirer le diable par la queue : exercice fatigant pour un vieillard et qui rapporte peu. Les

Maronites et les Arabes ne sont pas en général
des prodigues ; ce n'est pas pour eux que l'on a
inventé cette expression toute française de *jeter
l'argent par les fenêtres* ; et, qu'ils aient affaire
à un médecin ou à un avocat, ils remercient
beaucoup et vous embrassent volontiers, mais il
ne faut pas leur demander davantage ; en France
on trouverait que ce n'est pas suffisant.

Dans ces conditions, notre médecin ne pouvait pas espérer, en dépit des cures merveilleuses
qu'il se promettait d'opérer, d'acheter un cheval
arabe ou un harem sur ses bénéfices. Cependant,
avant de désespérer, il résolut de tenter un
grand coup, et j'eus l'idée, généreuse à coup sûr,
mais imprudente, de me mettre de moitié dans
sa mauvaise fortune. Il serait plus juste de dire
que le monstre dont il a été question plus haut,
l'ambition, soudoya en dessous main l'aventu-
reux docteur et le poussa à m'offrir la moitié de
la gloire et des bénéfices de l'opération.

M. Millieux, en sa qualité de médecin, avait des
secrets souverains pour toutes les maladies sans
exception, y compris les incurables ; moi, j'avais

quelque argent. Nous entrâmes en délibération, et, après une discussion approfondie des chances que pouvait offrir l'entreprise, il fut décidé entre nous que la Syrie serait dotée d'un manuel de médecine écrit en arabe, manuel qui, dans nos prévisions, se vendrait comme le *Raspail* en France. Le docteur me fournit les notes et les documents ; je les classai et leur donnai une forme qui en doublait la solennité ; il ne s'agissait plus que de trouver un traducteur et un imprimeur ; chose facile. Au bout d'un mois, dix mille exemplaires, vêtus d'une belle couverture rouge et signés de mon nom (j'avais employé vingt jours à ces dix mille signatures), furent lancés dans la circulation, et... il n'en reste plus guère aujourd'hui de disponibles que neuf mille neuf cent cinquante ; on voit que l'édition est loin d'être épuisée. Ce furent là mes débuts d'auteur et d'éditeur.

Cet échec colossal m'humilia plus qu'il ne me surprit, et allégea mon porte-monnaie de quelques bons billets de la Banque de France ; mais les courses, les démarches, les ennuis, dont ce petit livre fut la cause, nous fournirent, au docteur Millieux et à moi, maintes occasions d'apprécier les rares qualités des chrétiens de Syrie en général et des Maronites en particulier... Ah! les braves gens! et comme nous faisons bien de prendre ces coreligionnaires sous notre haute protection! Je ne crains pas de le dire hautement, et, si l'on était tenté de voir dans mes plaintes la rancune d'un éditeur désillusionné, j'en appelle à tous ceux qui ont habité ces pays: les Maronites forment une belle population, et sont remplis de qualités... physiques; mais en vérité ce sont de bien tristes gens, et comme probité, comme moralité, comme franchise, je les mets beaucoup au-dessous des Turcs et des autres musulmans. Intelligents, ils le sont certes, et beaucoup, du moins dans leur jeunesse; mais ne leur demandez rien autre, et méfiez-vous sagement de leurs signes de croix et de leurs génuflexions.

Pendant que notre *Manuel de médecine* s'enlevait comme on vient de le voir, je m'occupai également de donner quelques répétitions de français à de jeunes Maronites, qui, en échange, essayaient de m'inculquer les premières notions de la langue arabe. Je dois avouer que, si mes élèves firent en peu de jours des progrès surprenants, ils ne pourront certainement pas rendre de leur professeur, devenu leur élève à son tour, le même témoignage. Il faut dire aussi que j'avais quinze ans de plus qu'eux, et ensuite que les Syriens, tant qu'ils sont jeunes, sont d'une intelligence merveilleuse et apprennent tout ce qu'ils ont envie d'apprendre. Par exemple, ne leur demandez plus rien à partir de leur vingtième année, car assez souvent, chez eux, les facultés intellectuelles s'engourdissent à mesure que le corps arrive à son développement complet, et beaucoup de ces petits prodiges subissent le sort des *forts en thème* chez nous : ils deviennent de parfaits crétins.

Du reste je me lassai bientôt de cet apostolat qui ne me rapportait même pas de reconnaissance, et, dans les derniers temps surtout, je sentis que j'étais né pour courir les montagnes sur un bon cheval plutôt que pour initier les

jeunes Maronites aux charmes contestés de l'im-
parfait du subjonctif. Est-il un plaisir comparable à celui d'enfourcher une noble bête, qui
elle au moins est sensible à vos bons procédés,
de galoper désespérément dans le fond des ravins et sur la crête des montagnes, d'aspirer l'air
à pleins poumons, et de savourer dans toute sa
plénitude le charme mystérieux des nuits fraîches et parfumées ? Voilà la véritable vie ! voilà
la perspective qui me décida tout d'un coup à
quitter Beyrouth et à me lancer au travers de la
Palestine. Mais j'avais Damas et Balbeck à visiter auparavant ; c'était une excursion de quelques jours. Je me décidai à la faire sur-le-champ.

DAMAS ET BALBECK

22 décembre.

Donc, un beau matin, sur les trois heures, trois heures et quart, mettons trois heures et demie et n'en parlons plus, je m'éveillai, me frottai vivement les yeux, m'habillai, bouclai ma valise, et, descendant quatre à quatre les escaliers de l'hôtel, me dirigeai, précédé d'un domestique et d'une lanterne, vers les bureaux de la diligence... J'en vois sourire plus d'un à ce mot de diligence ; je dirai donc qu'en 1860 des Français sont venus, qui ont trouvé que ce pays était bien pauvre en routes carrossables, et qui ont pensé qu'un bon chemin qui relierait Damas à Beyrouth ne serait peut-être pas une entreprise infructueuse. De l'idée à l'exécution il n'y avait qu'un pas ou plutôt qu'une route de cent douze kilomètres, qui existe aujourd'hui ; c'est assurément la seule, digne de ce nom, qui soit en Syrie. Cette compagnie, montée par actions, et dont le siège est à Paris, loge présentement sous ses hangars près de deux cents voitures, diligences, malles-postes, chariots et véhicules de toutes sortes, et nourrit dans ses écuries sept cents chevaux ou mulets, Inutile de dire qu'elle a eu et qu'elle a encore de temps en temps de formidables obstacles à surmonter : les Bédouins, dans les premières années, arrêtaient la malle-poste et pillaient les convois ; aujourd'hui ils restent tranquilles, mais la neige est aussi terrible que ces messieurs, et ne craint pas de recouvrir parfois la route à la hauteur invraisemblable de vingt mètres ; c'est ce qui est arrivé l'hiver dernier, et c'est ce qui explique comment des voyageurs partis à Damas pour deux jours en sont revenus au bout de deux mois. O dieux protecteurs des chasseurs et des touristes, voyez mon inquiétude, et faites que les générations futures n'aillent pas mêler mon nom aux noms de ces infortunés voyageurs!

Je montai dans le coupé, tout en songeant que c'était la première fois que j'allais voyager en voiture depuis mon départ de France. Déjà je me berçais du doux espoir d'avoir trois places pour une et de pouvoir prendre toutes mes aises, quand tout à coup la portière de droite s'ouvre : c'est M. le consul d'Amérique, et sa valise. Il n'était pas assis que la portière de gauche s'ouvre à son tour : c'est M. le consul d'Angleterre, et sa valise; un déluge de valises et de consuls! Voilà donc à quoi servent ces messieurs! Un moment il me vient à l'esprit que l'Amérique et l'Angleterre, inquiètes à juste titre de mon départ pour Damas, me font *filer* par leurs agents, chargés d'épier mes moindres faits et gestes. Mais cette supposition ne tient pas devant un moment de réflexion; je m'endors, et bientôt je rêve que je suis seul, absolument seul, et que mes deux consuls avec leurs valises ont pris place sur les marchepieds.

Je ne raconterai pas toutes les péripéties dont mon voyage fut émaillé; on sait ce que peut être un voyage en diligence. Les cent douze kilomètres qui nous séparent de Damas courent d'abord au travers du Liban, traversent dans toute sa largeur la plaine de la Békaa ou Cœlé-Syrie, gravissent l'Anti-Liban, et redescendent, pour entrer enfin dans cette ville merveilleuse, cette perle du désert, cette grande cité vraiment orientale qui a nom Damas. Quant au Liban et à l'Anti-Liban, ce sont, à mon humble avis, les deux plus belles chaînes de montagnes que l'on puisse voir. Rien n'égale la grandeur et la poésie sauvages dont ces montagnes sont revêtues, et, le soir, quand le soleil couchant projette ses derniers rayons sur leurs flancs dénudés, une teinte d'un rose indéfinissable s'étend sur elles comme une gaze, et c'est alors un spectacle sublime.

Donc, le 22 au soir, après une course de douze heures, la diligence, au grand trot de ses six chevaux, dégringolait les dernières pentes de l'Anti-Liban, et s'engageait dans un ravin étroit, au fond duquel la route court en serpentant côte à côte avec une belle rivière qu'elle accompagne jusqu'à Damas. Le soleil venait de disparaître à l'horizon, la soirée était des plus fraîches et je grelottais sous mes vêtements d'été. Enfin, au sortir du ravin, Damas nous apparut dans un crépuscule de pourpre et d'or; ses premières maisons, qui se penchaient curieusement au bord de sa belle rivière, s'avançaient rapidement vers nous; déjà les promeneurs se faisaient rares; de larges bandes d'oiseaux sauvages tournoyaient au-dessus de nos têtes, semblables à un réseau mobile dont les mailles s'agrandissent et se resserrent tour à tour; du haut de la mosquée, le muezzin scandait dans le ciel son chant grave et mélancolique. Le rose du crépuscule fit place à une teinte plus pâle; une étoile, puis deux, puis trois, s'allumèrent successivement au-dessus des minarets; c'était la nuit. Quand nous entrâmes, le silence se faisait peu à peu, les maisons se fermaient, les lumières qui un moment avaient brillé mystérieusement aux fenêtres disparaissaient une à une, et bientôt le bruit de la diligence dans les rues désertes troubla seul le sommeil naissant de la paresseuse Orientale.

Le lendemain, avant de parcourir la ville, j'allai présenter mes devoirs à notre consul à Damas, M. Guys, en qui je trouvai un homme charmant et d'une cordialité toute française. Le jour même je dînai chez lui, en compagnie de trois autres Français, M. Lévêque et M. Savoie, attachés tous deux à la compagnie de la route de Damas, et M. Bourgoing, un architecte de talent, qui vient d'obtenir une classe de dessin à l'École des beaux-arts et qui est envoyé ici par le gouvernement pour recueillir les matériaux nécessaires à un ouvrage sur l'architecture arabe. A nous cinq nous formions à peu près la moitié de l'effectif de la colonie européenne à Damas. Damas est donc une ville pour ainsi dire vierge d'étrangers. Il y a quelques années, un Européen ne s'y serait pas aventuré sans revêtir le costume oriental : Damas, en effet, est une ville sainte, et les musulmans damasquins jouissent encore aujourd'hui d'une bonne petite réputation de fanatisme et de cruauté. La ville compte de cent cinquante mille à trois cent mille habitants; on n'a jamais pu en faire une évaluation bien précise, comme on le voit. On y trouve quelques milliers de chrétiens arméniens, quelques maronites, cinq ou six mille juifs; tout le reste est musulman.

23 décembre.

Une légende assez répandue veut que Damas occupe le sol même où Dieu mit Adam et Ève; ce serait l'Éden, le paradis terrestre, le jardin de délices où tous les fruits croissaient en abondance, même les pommes, qui jouèrent un si vilain tour à nos premiers parents. On comprendra sans peine combien j'étais avide de voir de mes yeux, de toucher de mes mains cette campagne admirable, ce site enchanteur qui n'a rien perdu de sa réputation et peut se vanter d'être toujours le plus beau pays qui soit sur terre.

Tout près de la ville s'élève une colline que l'on a surnommée *la Belle Vue de Damas;* c'est là-haut, tout d'abord, que je portai mes pas. Je la gravis lentement, sans oser retourner la tête, craignant de voir s'évanouir en un instant l'illusion, le rêve entretenu en moi par les récits de la Bible et les enthousiasmes des poètes. Enfin, je m'arrêtai et me décidai à regarder. Ah! le ravissant spectacle! et comme le pinceau et la plume seraient impuissants à donner la moindre idée d'un pareil tableau! Je me tus et j'admirai. Au-dessous de moi, au milieu d'une forêt ou plutôt d'un jardin immense, où l'oranger, le peuplier, l'olivier, tous les arbres de l'Orient et de l'Occident, unis dans une fraternelle profusion, se coudoient et s'entrelacent, Damas la voluptueuse reposait, ne donnant au soleil que le haut de ses palais et de ses mosquées; à demi cachée dans l'ombre de ses grands arbres, baignée de tous côtés par l'eau vive de ses ruisseaux, elle émergeait avec peine de l'océan de verdure qui l'enserrait de toutes parts, et étincelait, blanche, dans le plus beau soleil d'or qui puisse être admiré. C'était une vue féerique, un éclat, un éblouissement qui n'a pas de nom, et forçait la vue à se reposer de temps en temps sur les masses de verdure et de fleurs, du fond desquelles le murmure des cours d'eau s'élevait seul, comme un hymne de reconnaissance à Celui par qui furent créées toutes ces merveilles.

Assez de poésie comme cela, me dira-t-on; redescendez de ces hauteurs où votre imagination s'égare et voit toutes choses à travers un prisme qui les revêt d'or et d'azur. Cela est très facile; il n'y a qu'à redescendre en effet et à rentrer dans la ville. Là, comme dans toutes les villes d'Orient, on trouvera plus de masures que de palais, plus de boue que de diamants, et plus de guenilles que de manteaux de pourpre. Les rues sont affreusement pavées, et, à part quelques-unes, larges et pleines de soleil, elles sont étroites et sombres, mais aussi bien étrangement et bien curieusement animées. C'est un encombrement d'Arabes, de juifs, de Turcs, de Damasquins au large cafetan et au turban volumineux, de Bédouins déguenillés, dont la figure féroce est recouverte d'un coufieh sordide serré par une corde de poil de chameau, de nègres, d'esclaves, d'eunuques, de femmes à la figure masquée entièrement par un fichu en mousseline de couleur, d'enfants à moitié nus; et tout cela grouillant, se disputant, écrasant les chiens, ou se faufilant au travers des ânes qui trottinent, des chevaux qui piaffent, des chameaux qui s'avancent lentement et sûrement. Toute cette foule bariolée est curieuse à voir, et là, du moins, les chapeaux de soie, les gilets en cœur, les pantalons noirs, tout ce qui constitue notre laid costume européen, est à peu près inconnu; on coudoie beaucoup de guenilles, il est vrai, mais ce sont des guenilles splendides et qui sont portées fièrement.

Tel est donc l'aspect des rues de Damas. Quant aux cafés, ils ressemblent à tous les cafés de l'Orient, lesquels ne sont pas du tout ce qu'en Europe un vain peuple pense. Damas, la principale ville de Syrie, n'a pas un seul café passable ; à Constantinople un seul est propre, mais il est tenu par un Français. A Athènes, au café de la Belle-Grèce, qui est le Tortoni de la cité, chaque table est recouverte avec soin d'un épais enduit de poussière et de saleté ; trois chaises sur quatre, dès qu'on les touche, boitent effroyablement, et je me souviens que le garçon qui me servait était en bras de chemise, traînait aux pieds des savates dérisoires, et crachait dans les soucoupes pour les faire briller ensuite avec sa manche.

Même date.

Depuis un grand quart d'heure je suis le plus heureux des hommes, car je viens de faire une découverte sur laquelle je ne comptais plus. Qu'ils apprennent donc, ceux qui l'ignorent, que l'Orientale n'est pas un vain mot, que l'Orientale n'est pas un mythe comme je com-

mençais à le croire, et comme beaucoup, en
haine des exagérations des poètes et des touristes, le croient encore. Oui, l'Orientale existe,
elle vit, elle se meut, elle voit et se laisse voir.
O vous, sceptiques et railleurs pour qui l'Orientale n'est qu'une page de Lamartine ou une
strophe de Victor Hugo, vous qui peut-être,
en parcourant les campagnes d'Alger ou les villages de la Turquie, avez vu, courbées vers la
terre, de pauvres femmes maigres, jaunes, ta-
touées, horribles à voir, et vous êtes écriés in-
solemment: « Voilà l'Orientale! » vous qui
avez haussé les épaules devant le tarbouch à
gland d'or de l'Athénienne et les chevelures
crêpées des belles Grecques de Smyrne, vous
tous, gens de peu de foi, touristes dédaigneux,
chercheurs désabusés, venez à Damas, parcou-
rez le quartier juif un samedi, ou le quartier
arménien un dimanche, et dites s'il est possible
de trouver des têtes plus belles, des figures plus
ravissantes, un teint plus éclatant, une peau
plus fine, des traits plus harmonieux, des yeux
plus grands, plus noirs, plus veloutés, que le

teint, la peau, les traits, les yeux d'une belle Damasquine. Et comme l'œil ébloui devine bien, sous le long voile blanc qui les recouvre tout entières, sans leur masquer la figure comme aux musulmanes, les larges pantalons flottants, la petite veste en soie brochée d'or ou d'argent, la ceinture de cachemire ornée de son élégant poignard, la calotte d'or si gracieusement posée sur l'oreille, et les bracelets, les diamants, les chapelets de corail, les rangées de perles et de pièces d'or éparses dans les cheveux ou ruisse- lant sur le cou, tous ces mille petits riens, tout ce clinquant dont l'Orientale aime à s'entourer, et qui la font ressembler à une châsse vivante !

Je viens de visiter trois ou quatre maisons juives appartenant à de riches particuliers. Ces demeures, véritables masures au dehors, vous procurent, aussitôt que vous en avez franchi l'entrée, la plus agréable des surprises. On a passé, on s'est glissé, devrais-je dire, par une petite porte basse qui donne sur une avant-cour obscure, on s'est engagé ensuite dans un cou- loir étroit et sombre, et tout à coup on se trouve transporté dans une large et belle cour, pavée en marbre, au milieu de laquelle un jet d'eau alimente un vaste bassin et répand dans tous les appartements une fraîcheur délicieuse. Ce bassin est entouré le plus souvent d'orangers, d'arbustes et de fleurs. Au fond de la cour se trouve le salon d'été, sorte de vestibule ouvert autour duquel s'étend un divan garni de coussins, et dont les murs sont rayés de larges bandes rouges, jaunes, bleues, avec des peintures représentant des arbres, des maisons ou des mosquées. Le salon d'hiver est ordinairement composé de deux plans : dans le premier, au milieu duquel un jet d'eau retombe dans une vasque de marbre (ce sont les poêles de ces pays où l'hiver n'est connu que de nom), se tiennent les serviteurs et les esclaves; le second est formé d'une estrade élevée de deux pieds environ au-dessus du sol, et garnie d'un divan recouvert de riches étoffes, de tapis de la Perse, de nattes et de coussins ; les murs sont décorés de niches délicatement sculptées, de boiseries dorées et d'arabesques. Comme on le voit, c'est riche, trop riche même, trop chargé, et dans un goût qui rappelle assez les chœurs des églises grecques.

En sortant du quartier juif, je traversai le bazar, qui est très considérable et voûté presque dans toute sa longueur. J'y cherchai vainement une de ces fameuses lames de Damas si renommées jadis et dont les derniers types ne se trouvent plus que dans les musées et les collections particulières. On m'offrit de vieux sabres, avec lesquels le marchand, pour me prouver l'excellence de leur trempe, s'amusa à couper en deux de petites tiges de fer, opération qu'il exécutait, je dois le dire, assez facilement ; mais il voulait de ces lames un prix déraisonnable. Au milieu du bazar, j'entrai dans un café où de jeunes garçons égyptiens exécutaient, avec l'accompagnement obligé du tam-tam, les danses de leur pays. Je me refuse énergiquement à donner sur ces ébats chorégraphiques des détails qui pourraient alarmer la pudeur de ceux qui me lisent ; il faut avoir passé quelques mois dans ces pays, avoir vu les farces du fameux *Karagueuz* et avoir assisté aux jeux publics chers aux Orientaux, pour comprendre jusqu'où la dépravation dans les mœurs peut pousser le cynisme dans l'exhibition.

24 décembre.

J'ai parcouru ce matin, en compagnie de M. Savoie, les environs de la ville. M. Guys avait mis obligeamment à ma disposition son cheval, une bête superbe, présent d'Abd-el-Kader qui, comme on le sait, vit aujourd'hui retiré à Damas. Cette promenade dans la campagne la plus belle du monde faillit me coûter cher. Le terrain, par suite des dernières pluies, était détrempé et extrêmement glissant. En voulant franchir un petit aqueduc en maçonnerie qui nous barrait le chemin, mon cheval prit mal son élan, glissa et sauta au beau milieu de l'aqueduc, qui était rempli d'eau, et entre les parois duquel il se trouva engagé jusqu'au poitrail. La situation était difficile ; ma monture, prise là dedans comme dans un étau, ne pouvant ni avancer ni reculer, était obligée, pour sortir de ce mauvais pas, de faire un bond de côté, qui pouvait lui coûter les quatre membres; je me fiai à son adresse et à sa vigueur, et d'un effort suprême elle s'enleva et alla retomber de l'autre côté; bête et cavalier n'avaient aucun mal, sinon quelques écorchures insignifiantes. M. Savoie, de son côté, s'en était tiré plus heureusement, mais son cheval était tombé deux fois. Nous rentrâmes à Damas dans un assez piteux état, mais bien heureux d'en être quittes à si bon marché.

A trois heures je devais aller rendre visite à Abd-el-Kader; M. Guys, ne pouvant m'accompagner chez l'émir, l'avait fait prévenir le matin même, et devait m'envoyer, pour me conduire chez lui, deux janissaires du consulat. Je profitai des quelques heures que j'avais devant moi pour aller visiter la maison d'Ananie, dans laquelle saint Paul aveugle recouvra la vue et reçut le baptême. A trois lieues environ de Damas, on montre sur le bord de la route l'endroit où saint Paul fut frappé de la lumière

céleste au moment où il marchait contre les
chrétiens, et entendit une voix qui lui criait :
Saule, Saule, cur me persequeris ? Je regrettai de
n'y pouvoir aller et remis cette excursion à un
autre voyage.

Dans l'après-midi, à l'heure dite, les deux janissaires que m'avait promis M. Guys vinrent
me prendre à l'hôtel pour m'accompagner chez
l'émir Abd-el-Kader. Je pris un interprète avec
moi, et nous nous engageâmes dans les rues
voûtées du bazar, précédés, mon drogman et
moi, des deux *cawas*, qui, une main sur la
poignée de leur sabre, l'autre armée d'une longue canne terminée en fer de lance, écartaient
la foule et nous faisaient livrer passage.

Ici la vérité m'oblige à un aveu : en voyant
marcher ainsi majestueusement et à trois pas
devant nous ces deux vestes brodées d'or et ces
deux longs cimeterres recourbés, je me sentis
devenir un autre homme ; c'est alors seulement
que se révéla subitement à moi le sentiment de
ma toute-puissance ; je n'étais plus la trente-six-
millionième partie du peuple français ; je trou-

vai que la vile multitude s'écartait bien lentement devant moi, et je commençai même à
fixer d'un regard féroce les malheureux qui
me frôlaient en passant. Inutile de dire que
j'étais bien décidé à faire rouler à mes pieds la
première tête qui me déplairait. Rien ne roula,
mais les Damasquins l'ont échappé belle.

En sortant du bazar nous nous engageâmes
dans une rue étroite et silencieuse, au fond de
laquelle un grand nombre d'Arabes se trouvaient
réunis ; c'étaient les gens d'Abd-el-Kader, qui,
en soldats bien disciplinés, se mirent aussitôt
en ligne de bataille pour me laisser passer ;
parmi eux je remarquai un des fils de l'émir, un
nègre, *pauvre enfant noir né d'une mère esclave,*
comme dit une romance bien connue. Les deux
cawas restèrent dans la première cour pendant
que l'intendant me faisait entrer, ainsi que mon
drogman, dans un salon qui n'a rien de remar-
quable que son extrême simplicité. Un divan qui
s'allonge paresseusement autour de quatre murs
blanchis à la chaux, quelques chaises, quelques
coussins, une espèce d'horloge dans une espèce

de niche, voilà le seul mobilier de la pièce dans laquelle Abd-el-Kader reçoit les étrangers. Je ne puis m'empêcher de croire que cette simplicité soit un peu *voulue* : l'émir est très riche, et, bien que ce soit un savant et un philosophe, je suis persuadé que, dans son harem, le philosophe et le savant retrouvent le luxe et la magnificence qu'un bon Oriental n'abdique pas volontiers.

Abd-el-Kader! il semble voir, à ce seul nom, accourir du fond du désert, avec un bruit sourd, le nuage de poussière qui recèle la foudre! A peine a-t-on regardé, et déjà le bruit redouble et le soleil s'obscurcit; le nuage grossit et crève, vomissant sous les yeux terrifiés un torrent d'hommes et de chevaux. Les chevaux, crinières au vent, ne touchent pas terre; les cavaliers aux yeux chargés de menaces sont couchés sur leurs selles; à leur tête un héros au costume éclatant, au visage inspiré, un guerrier dans un éclair; et ce sont des cris formidables, des froissements de lances, un tourbillonnement de ceintures et de burnous, un chaos de poussière et de soleil.

Ils ont passé. Le nuage qui les enveloppe s'est reformé derrière eux ; ce n'est plus qu'un bruit sourd et cadencé qui fuit vers l'horizon ; plus rien, que le silence et l'immobilité du désert.

Il parut. Un homme de petite taille, vieux avec une barbe noire, et vêtu, comme un moine, d'une espèce de robe de laine grise serrée à la taille, s'avança vers moi, me prit par la main et me fit asseoir sur le divan, après quoi il s'assit lui-même. C'était Abd-el-Kader. Ah ! grand Dieu ! que la curiosité est une sotte chose, et que de déceptions elle nous procure en cette vie ! Je cherchais vainement dans les yeux de l'émir un éclair de férocité qui au moins me fît songer au lion au repos : rien ! il me souvenait d'avoir vu cette tête sur les épaules de bon nombre d'Arabes ; la désillusion était complète. Je ne crois pas, en donnant ces détails sur l'émir, trahir les devoirs que m'impose l'hospitalité d'une heure que j'ai reçue chez lui, d'autant plus que j'entends parler d'une désillusion toute physique, laquelle ne peut en aucune façon porter atteinte aux qualités qui ont fait d'Abd-el-

Kader un grand guerrier et aux talents qui en
font présentement un littérateur distingué. Je
n'en tirerai qu'une conclusion, c'est que l'on ne
doit jamais approcher un héros de trop près, et
le forcer, pour satisfaire une vaine curiosité, à
descendre du piédestal sur lequel notre imagination se plaisait à l'entrevoir.

Grâce à mon interprète, nous causâmes avec
l'émir un peu de tout, et de beaucoup d'autres
choses encore, de l'Algérie et de la France, de
Mac-Mahon, qu'il a connu, et de Gambetta,
qu'il voudrait connaître, de la paix et de la
guerre, de la pluie et du beau temps; puis un
esclave noir vint nous apporter du thé; j'attendis en vain le narguilhé, Abd-el-Kader ne fume
pas, qualité qui ne se rencontre pas souvent
chez les Arabes. En ce moment je pus le considérer tout à mon aise; l'émir a soixante-
quinze ans environ, ce qui ne l'empêche pas de
porter, taillé à l'arabe, un collier de barbe plus
noir que nature; il a la figure assez douce, très
douce même pour un homme qui a donné tant
de coups de cimeterre. Il est profondément re-

ligieux, d'aucuns disent.très fanatique ; mais je le crois, malgré cela, attaché à la France, et tout le monde connaît la courageuse assistance qu'il prêta en 1860, lors des massacres de Damas, aux chrétiens d'Orient, nos protégés. En somme il m'a paru simple et bon.

Avant de le quitter, je lui témoignai combien j'étais désireux d'emporter un souvenir qui me rappelât plus tard la visite que je venais de lui faire. Je savais qu'il se rendait difficilement à ces sortes de demandes ; aussi, à ma grande surprise, accueillit-il ce désir très gracieusement ; il alla chercher un de ses portraits au bas duquel il écrivit son nom, et me le remit. Je le remerciai vivement et pris congé de lui. Il était en ce moment entouré de tous ses serviteurs qui m'escortèrent jusqu'à la porte, où je retrouvai mes deux janissaires.

Le même soir, après avoir fait mes adieux à M. Guys et donné une dernière poignée de main aux compatriotes aimables que j'avais trouvés à Damas, je partis pour Chtaura, où j'arrivai à une heure du matin. Là un drogman

de Beyrouth m'attendait avec deux chevaux de
selle pour me conduire à Balbeck.

25 décembre.

A six heures du matin nous nous mettons en
route. Le temps, qui avait menacé toute la nuit,
semblait enfin, après une petite pluie, décidé à
se mettre au beau ; de gros nuages, qui naguère
encore se traînaient lourdement au-dessus de nos
têtes, s'élevaient insensiblement, prenaient une
teinte moins sombre, et, après avoir hésité quelques minutes, allaient se reposer sur les neiges
éclatantes du Liban. Entre les deux chaînes de
montagnes, la Cœlé-Syrie, que nous devions traverser dans presque toute sa longueur, s'étendait
devant nous, immense, avec de grandes flaques
d'eau que les dernières pluies avaient oubliées
là ; des milliers d'alouettes rasaient le sol, poussant de légers cris et n'attendant, pour sécher
leurs ailes humides, que le premier rayon de
soleil. Enfin le rayon tant désiré parut, frappa

la cime du Liban, descendit, et, lentement, illumina toute la plaine : c'était la lumière, c'était la vie.

Nous arrivâmes, après deux heures de route, à Malaka, village maronite où les jésuites ont un fort bel établissement. Non loin de là, entre deux collines qui se font face et que sépare un beau torrent, s'élève Zarlé, petite ville de huit à dix mille habitants, également chrétiens. A Carak, village métualis, je descendis de cheval pour aller visiter le tombeau de Noé. Ce tombeau, qui occupe tout l'intérieur d'une espèce de mosquée, a trente mètres de long : c'était la taille du patriarche, paraît-il; encore, à ce qu'affirment les savants du pays, le corps de Noé n'y put-il entrer tout entier, et, pour loger les jambes, on fut obligé de creuser un puits à l'une des extrémités.

A quelques heures de là, mon drogman me fit arrêter sous un hangar qu'il baptisa du nom plus distingué de kan, pour la circonstance. Je me sentais un appétit formidable; aussi vis-je avec une douce surprise mon drogman tirer de

son sac le plus confortable des déjeuners : perdreau, volaille, conserves de toute nature, rien
ne manquait, c'était insensé de prodigalité;
aussi fallait-il voir le sourire de triomphe avec
lequel le drogman, passé maître d'hôtel, étalait
devant moi, sur un beau tapis, toutes ces provisions plus appétissantes les unes que les autres.
« Mon petit ami, avait-il l'air de me dire, re-
garde-moi bien, et remercie la Providence d'a-
voir mis sur ton chemin le premier des drogmans, le modèle des drogmans, le roi des drogmans. » Tout d'un coup je le vis changer de
figure, fouiller vivement dans chacun de ses
sacs, puis pâlir affreusement; je prévoyais un
malheur. Hélas! le malheur n'était que trop
réel : le misérable avait oublié le vin ! A cet
aveu, balbutié d'une voix pénible, je ne me sentis plus maître de moi; et, de fait, la situation
était cruelle : avoir des œufs, et point de vin;
un poulet, et point de vin ; un perdreau, et point
de vin ! Cela me rappelait les beaux jours de
l'armée de l'Est; et encore! dans l'Est nous n'a-
vions point de vin, il est vrai, mais au moins

n'avions-nous rien non plus à nous mettre sous la dent. Le monstre était atterré ; je lui jetai à la face les épithètes les plus outrageantes que la langue française, si pauvre, et la langue arabe, si riche, purent mettre à mon service; il reçut toute cette bordée d'injures la tête basse, et c'est en tremblant qu'il vint placer devant mon assiette un gobelet d'argent (d'argent !) et une gargoulette toute pleine d'une boisson dont la rivière voisine avait seule le droit de lui demander compte. Tout d'abord je repoussai avec horreur un présent si funeste ; réflexion faite, je ne repoussai rien du tout, et me contentai de réfléchir amèrement sur l'ironie de la destinée qui me forçait à boire de l'eau dans un verre en argent. Quant à mon drogman, je lui ai pardonné, tant il est vrai qu'en ce bas monde toute passion humaine trouve un moment de calme et toute fureur un apaisement.

26 décembre.

Je suis arrivé hier soir à Balbeck, et j'ai profité aussitôt du peu qu'il me restait de jour pour visiter les ruines, lesquelles s'étendent en face de la nouvelle ville et couvrent un espace considérable. Balbeck, ou Héliopolis, était une cité consacrée au soleil, comme son nom l'indique du reste, et les débris prodigieux que le touriste vient y admirer attestent qu'elle remonte à la plus haute antiquité et a dû être fondée par les premiers hommes.

Ces ruines se composent de cinq ou six temples restés debout au milieu d'un amoncellement de colonnes brisées, de chapiteaux, de corniches et de blocs énormes, qui gisent là depuis des milliers d'années ou ont roulé jusque dans le lit du torrent qui coule au bas. Un de ces temples est admirablement conservé; c'est peut-être le monument de l'art antique le plus complet qui soit au monde, et à coup sûr un des plus beaux. Ici je demande très humblement la permission de placer quelques chiffres qui seront aussi éloquents que les descriptions les plus détaillées. Les murs de ce temple sont bâtis avec des pierres qui ont, en moyenne, trente pieds de long sur huit d'épaisseur. C'est déjà joli; il y a mieux : la seconde assise est formée de blocs qui ont jusqu'à cinquante-huit et soixante pieds de longueur sur douze d'épaisseur. Toutes ces pierres sont taillées et posées les unes sur les autres, sans ciment, mais avec tant d'art que l'on ne pourrait introduire dans les interstices la lame d'un couteau. L'intérieur de ce monument est décoré de niches admirablement sculptées; le sol du temple est couvert de débris qui ont roulé pêle-mêle. Quant aux colonnes du péristyle, elles ont chacune cinq pieds de diamètre sur quarante-cinq pieds de hauteur.

Le grand temple est un carré long, dont le péristyle avait deux cent soixante-dix pieds de long sur cent quarante-cinq de large. Des quarante ou cinquante colonnes qui l'entouraient, six seulement sont restées debout; mais ces six colonnes, par leur beauté et leur dimension, suffiraient à justifier la réputation de Balbeck. Elles ont sept pieds de diamètre et soixante-douze pieds de hauteur, et sont composées chacune de trois blocs seulement.

Quant au piédestal qui supporte ces ruines prodigieuses, les moellons dont il se compose dépassent en volume tout ce que l'imagination la plus endiablée oserait à peine concevoir. Les plus petits de ces blocs ont de huit à dix pieds de longueur sur cinq à six de hauteur et autant d'épaisseur; mais ceux de la seconde assise ont jusqu'à vingt-quatre mètres de longueur sur huit de hauteur; ces blocs sont superposés à une hauteur de trente pieds environ, et la carrière d'où ils furent tirés est située à un kilomètre de là. Ces constructions, dont l'énormité paraît invraisemblable dans notre siècle de progrès, remontent probablement à l'époque antédiluvienne. Ont-elles été élevées par un peuple de géants, ou les premiers hommes possédaient-ils, pour remuer de pareilles masses, des machines dont le secret n'a pas été retrouvé jusqu'à présent? La vue de pareils blocs autorise toutes les conjectures; ce qu'il y a de certain, c'est que toutes nos inventions, tous nos perfectionnements de machines seraient impuissants à édifier un nouveau Balbeck.

Ce matin, avant de me mettre en route, j'ai voulu voir la carrière dont j'ai parlé plus haut. Au fond gît encore un bloc de pierre, entièrement taillé; je l'ai mesuré, il a vingt-deux mètres de longueur sur six de hauteur et autant de largeur; il est là depuis des milliers d'années, et il est probable qu'il y restera quelque temps encore. On pourrait, en le creusant, y trouver un appartement complet.

Mon retour de Balbeck ne fut signalé que par deux petits incidents assez désagréables. En passant dans un étroit sentier, un Bédouin à figure patibulaire, devinant, malgré mon tarbouch, que j'étais Européen, se posta avec affectation au milieu du chemin, en homme ayant la ferme intention de me forcer à descendre dans le fossé pour faire le tour de sa personne. Malheureusement j'ai le défaut de n'être pas un ange de patience; mon cheval, de son côté, ne comptait pas apparemment la douceur au nombre de ses qualités domestiques, si bien que tous deux, de concert, nous fîmes faire une culbute insensée à cet obstacle vivant, par-dessus lequel mon cheval sauta ensuite le plus gracieusement du monde. C'était la troisième fois, du reste, que pareille aventure m'arrivait : dans ces pays, un Français qui veut se faire respecter ne trouve souvent pas d'autre moyen d'y parvenir que celui que j'employai dans cette circonstance. Un peu plus loin, en traversant un village druse, deux gros chiens véritablement furieux vinrent se jeter dans les jambes de nos chevaux en hurlant et en mordant. Ne pouvant nous en débarrasser avec nos fouets, nous fûmes obligés de les abattre à coups de revolver.

Le soir nous arrivâmes à Chtaura, et le lendemain nous franchîmes en quelques heures les quarante-six kilomètres de montagne qui nous séparaient de Beyrouth.

LE MONT CARMEL

JE ne rentrai à Beyrouth que pour me
préparer à de nouvelles fatigues; le
voyage de Damas m'avait mis en ap-
pétit, et j'avais hâte de me lancer à travers la
Judée; une autre considération, plus immé-
diate, me fit aussi précipiter mon départ. C'est
que ma bourse, dont la santé avait été chance-
lante depuis qu'elle avait fait connaissance avec
le docteur Millieux, maigrissait à vue d'œil et
pesait tous les jours un peu moins à ma ceinture. Il me restait, en bonnes livres turques, un
millier de francs environ. Avec cela je pouvais
aller jusqu'en Égypte, en passant par la Judée
et en faisant un séjour à Jérusalem, le véritable

but de mon voyage. Oui, mais après? Bah! après... j'avais bien le temps d'y songer. Et je mandai par-devant moi maître Caridarère, ancien sergent-major de l'armée française, ancien secrétaire de Rustem-Pacha, et pour le moment propriétaire obséquieux de l'hôtel du Liban. C'était un brave homme, très doux et qui battait fort souvent sa femme. Son plus grand tort était qu'après ces exécutions sommaires il voulait absolument que ses clients le raccommodassent avec elle; et c'est ainsi qu'on avait pu me voir plus d'une fois pénétrant, le rameau d'olivier à la main, dans la chambre de l'épouse irritée, et l'implorant avec des larmes dans la voix en faveur d'un époux vif mais repentant. A mon appel il accourut, le sourire aux lèvres et le chapeau à la main.

« Tenez, lui dis-je, voici à peu près ce que je vous dois, à raison de sept francs par jour. Maintenant je veux partir demain et parcourir toute la Palestine; il me faut pour cela un cheval, un drogman et un moukre avec un mulet pour les bagages et les vivres.

— Retardez votre départ de deux jours, me répondit-il, non seulement je vous trouverai tout ce que vous me demandez, et dans les prix doux, mais encore je vous fournirai deux compagnons de voyage.

— Qui sont?

— Deux prêtres français, qui viennent d'arriver ici et veulent se rendre à Jérusalem par le même chemin que vous. »

Deux prêtres! Depuis que j'avais quitté ces bons pères du collège de N..., l'uniforme noir ne me plaisait qu'à demi. Ce n'était pas que j'eusse beaucoup de préventions contre ces messieurs qui sont ce que sont les autres hommes, bons ou mauvais. Mais enfin je voulus, avant d'accepter, faire connaissance avec les deux compagnons de route que l'on me proposait : il est probable que de leur côté ils avaient songé à prendre les mêmes précautions.

C'étaient deux prêtres d'un diocèse des environs de Paris : l'un, petit, trapu, avait une bonne figure de curé de campagne ou de *lignard*, au choix, et me parut jovial et expansif; mais ses traits, un peu gros, dénotaient une grande intelligence et une forte dose de volonté. L'autre, grand et maigre, mais beaucoup plus jeune, avait un visage distingué et une expression de physionomie sérieuse et méditative : ce devait être un poète, et peut-être bien un apôtre doublé d'un ascète.

« Allons! pensai-je, je causerai de Rabelais avec le premier, et de Lamartine avec le second. Pourvu que tous deux unis n'aillent pas se mettre en tête d'entreprendre ma conversion! »

La connaissance fut vite faite : nous convînmes de notre départ, et nous commençâmes aussitôt tous les préparatifs et toutes les démarches nécessaires. Moyennant vingt francs par tête et par jour, Mansour, un des plus jeunes drogmans de Beyrouth, s'engagea à nous conduire à Jérusalem en onze étapes pendant lesquelles il pourvoirait à tout. Nous n'aurions donc à nous occuper ni de la nourriture ni du logement; deux mulets, chargés des bagages et montés par des moukres (c'est ainsi qu'on nomme les muletiers dans ce pays-là) devaient suivre la caravane. Le marché conclu et les conditions signées en due forme par-devant le consul, nous rentrâmes à l'hôtel, et j'allai faire mes adieux à mes excellents amis de Beyrouth, et aussi à l'aimable docteur Millieux : le pauvre homme ne se consolait pas de m'avoir entraîné dans une catastrophe financière qui était une des causes de mon brusque départ.

Le lendemain, avant le jour, une véritable cavalerie piaffait dans la cour de l'hôtel Caridarère, et, tout en ployant mes bagages, j'entendais de ma chambre l'impétueux Mansour gourmander ses moukres et parler à ses chevaux. Une demi- heure après, notre petite caravane, Mansour en tête et les deux muletiers en queue, traversait, avec un bruit formidable de sabots sur le pavé, les rues tortueuses et désertes encore de Beyrouth.

Une fois hors des murs, nous nous dirigeâmes, par des chemins creux bordés de lentisques et d'aloès, vers le bord de la mer, que nous devions côtoyer jusqu'à Saïda, l'ancienne Sidon. A ce moment, le bleu sombre du ciel commençait à blanchir, et doucement dans le crépuscule du matin les étoiles pâlissantes se mouraient une à une; en même temps, une fraîche brise chargée d'eau de mer vint emplir nos poitrines, et, dans cet air vivifiant, nos chevaux, secouant soudain la torpeur qui leur alourdissait la tête, s'élancèrent gaiement sur le rivage.

A dix heures, nous faisons halte à El-Kantara, oasis en miniature au milieu des sables de cette plage complètement déserte. Avec l'aide du drogman et des moukres, nous déballons les vivres, qui consistent en boîtes de sardines, poulets froids, dattes, oranges, grenades et bananes; puis, assis sous un large figuier, au bord d'une claire fontaine, nous déjeunons gaiement. Les sardines étaient suffisamment fraîches, et le poulet, dont la Parque impitoyable avait arrêté le naissant embonpoint, nous parut avoir dans toute sa personne quelque chose de distingué. Cela fit que nous l'attaquâmes avec un certain respect et aussi avec entrain, sans nous douter du méchant tour que l'animal nous jouait à ce moment même. En effet, le dernier fragment de sa carcasse était à peine avalé que les deux prêtres, pâlissant en même temps, s'écrièrent d'une seule voix : « Mais, *bone Deus*, c'est vendredi aujourd'hui ! »

Le cas était horrible. Pourtant l'émotion fut courte, et l'un d'eux, craignant sans doute que le remords ne me poussât à quelque extrémité, me dit en souriant : « Ne craignez rien, Monsieur, je m'en charge. »

Sauvé, mon Dieu ! je respirai fortement et remerciai tout bas le Ciel de n'avoir rendu la mémoire à mes compagnons qu'à la fin du déjeuner. « Du reste, ajouta le plus gros des deux abbés, les voyageurs comme nous peuvent faire gras en tout temps, et le bon Dieu ne voulait pas sans doute que nous nous contentassions d'une simple sardine. » Il avait raison, l'abbé ; le doigt de Dieu nous est apparu clairement dans cette circonstance, et, pour ma part, je n'ai jamais vu là que le moins impénétrable de ses décrets.

A midi nous arrivions à Saïda où nous

devions rester jusqu'au lendemain. L'agent consulaire de France, heureux de pouvoir fumer un narguilhé en compagnie de compatriotes, nous fit l'accueil le plus charmant, et le soir nous allâmes demander l'hospitalité au couvent des Jésuites, où je retrouvai, orné d'une barbe de cinquante centimètres de longueur, un de mes anciens surveillants du collège de N...

La journée avait été bien remplie : aussi est-ce avec une certaine volupté que, le soir venu, je m'étendis sur la couchette fort passable que les Pères avaient fait dresser à mon intention dans une cellule inoccupée. Je le dis modestement, j'aime à voir lever l'aurore; mais cette fois j'aurais, je crois, dormi pendant vingt-quatre heures si de grand matin je n'avais été brusquement réveillé par un des frères de l'établissement.

« Vite, vite, Monsieur, on n'attend plus que vous.

— Quoi? qu'est-ce? le feu? fais-je en balbutiant et en me frottant les yeux.

— La messe, Monsieur; elle va commencer;

c'est monsieur l'abbé qui célèbre le saint sacrifice, et tous nos Pères sont déjà réunis à la chapelle. »

La messe! le saint sacrifice! Je puis dire que
jamais sacrifice ne m'a autant coûté. Non pas
moralement, grand Dieu! mon adolescence
fervente n'était pas si loin de moi que je ne
sentisse encore de temps à autre un vieux fer-
ment de piété travailler dans mon sein; mais
que j'aurais donc dormi encore deux bonnes
heures! Mon sommeil, j'en suis sûr, eût été
agréable à Dieu. Cependant je pris mon courage
à deux mains et je sautai bravement à bas du
lit : croyant ou non, je ne voulais pas causer la
moindre peine à mes deux honnêtes compagnons ni être un objet de scandale pour les
Pères qui m'hébergeaient; protestant, juif ou
confucien, j'eusse agi de même.

Il était bien vrai que l'on n'attendait plus que
moi à la chapelle; dès que je fus signalé, l'abbé
gravit les marches de l'autel. Dans le servant, je
reconnus Mansour, notre drogman, qui, en bon
Maronite qu'il était, ne pouvait faire un pas

dans une église sans baiser la terre et faire un
signe de croix. Quels saints que ces gens-là !
C'est à les canoniser de leur vivant.

Cependant la messe est expédiée, le café tout
fumant pris à la hâte, et, bousculant Mansour
qui s'éternise à la chapelle et les moukres qui
dorment en chargeant leurs mulets, nous sau-
tons à cheval et commençons notre seconde
étape. Les deux abbés prennent un peu les de-
vants, et, tout en cheminant, lisent fraternellement leurs bréviaires au pas de leurs chevaux.
Mansour s'approche de moi. « Mansour, lui
dis-je, c'est bien, mon ami ; tu es, à ce que j'ai
pu voir, un fervent catholique... — Oh ! oui,
Monsieur », me répond-il gravement. Et, sans
désemparer, oubliant qu'il vient de servir la
messe et qu'il a fait plus de trente génuflexions
depuis son réveil, il se met à me raconter des
histoires... mais des histoires... J'essaye en vain
de l'arrêter : « Comment ! comment ! Mansour,
toi qui ce matin... » Il continue de plus belle.
Mansour, Mansour, je ne vous canoniserai pas.

A Tyr, un des deux prêtres, le plus jeune,

indisposé par la chaleur et la fatigue de deux étapes faites en plein soleil, nous quitte et continue le voyage sur un bateau russe qui vient de faire escale tout près d'ici, et qui le déposera à Kaïffa, au pied du Mont Carmel. Dans la soirée nous visitons les fouilles que l'on a entreprises à un quart d'heure de la ville actuelle et qui viennent de mettre à nu des débris de l'ancienne Tyr; puis, enfourchant nos chevaux, nous allons, à deux lieues dans les terres, visiter le tombeau du roi Hiram, le contemporain et l'ami de Salomon.

Au Mont Carmel.

Je ne crois pas qu'il y ait nulle part au monde une forteresse dont la position soit comparable à celle de ce couvent célèbre. Couronnant le sommet d'une montagne qui est pour ainsi dire à pic du côté de la mer, protégé, du côté opposé, par des ravins et des bois que fréquentent volontiers les bêtes fauves, le couvent du Mont Carmel semble placé là comme une sentinelle avancée, regardant la France sa protectrice, et défiant les incursions des pirates aussi bien que les coups de main des musulmans. Il a été attaqué pourtant bien des fois dans les siècles passés, et les moines qui l'habitaient alors ont eu souvent le sort des assiégés d'une place forte. Ces dangers ont disparu momentanément pour lui, mais il n'en a pas moins conservé son enceinte de formidables murailles.

Puisque nous faisons halte au Mont Carmel, c'est une bonne occasion, je crois, de dire quelques mots des innombrables couvents de la Terre-Sainte. Il y a peu de villes ou même de bourgades en Judée qui n'aient le leur. La plupart sont occupés par des franciscains italiens ou espagnols et ne comptent guère chacun, en laissant de côté ceux de Jérusalem et de Bethléem, que quatre ou cinq religieux, quelquefois moins; ils sont, de plus, subventionnés par les nations catholiques de l'Europe. Ce sont, à vrai dire, moins des couvents que des hôtelleries disséminées çà et là sur la route de Jérusalem pour permettre aux pèlerins de coucher dans des lits et leur épargner l'embarras d'emporter avec eux l'attirail nécessaire à des campements en plein air. Bien que ces religieux aient mission d'offrir l'hospitalité aux voyageurs, cette hospitalité est loin d'être gratuite, et le drogman chargé de régler la note a souvent maille à partir avec eux.

Le rat de la fable, retiré dans son fromage, menait une existence d'anachorète à côté de ces religieux qui, échappant, par leur dispersion même, à toute discipline comme à toute surveillance, règnent dans la contrée en véritables maîtres et n'ont d'autre occupation que celle de la vie contemplative. La messe à dire le matin, pas trop matin, quelques dévotes à confesser, et c'est tout. Il nous arrivait parfois de sonner à onze heures ou midi à l'un de ces couvents et de trouver portes closes. Nous frappions et refrappions à coups redoublés, nos guides faisaient le tour de la maison en cherchant un joint pour pénétrer de vive force, nous nous

époumonnions à crier. Vains efforts ! protesta-
tions inutiles ! le silence seul nous répondait :
ce n'était pourtant pas à lui que nous parlions.
Et nos chevaux, harassés, penchaient tristement
le col vers la terre, cette marâtre, et le soleil
implacable versait des torrents de lumière sur
de pauvres voyageurs qui ne le blasphémaient
pas. Pendant ce temps-là, ces bons pères, reti-
rés au plus profond de leurs cellules, goûtaient
un sommeil sans remords et rêvaient sans doute
qu'ils l'avaient bien gagné. Enfin, au bout d'une
demi-heure d'appels réitérés, nous entendions
le sable craquer derrière la porte ; c'était un des
moines qui se décidait et arrivait lentement, son
trousseau de clefs à la main. Il ouvrait en se
frottant les yeux et en bâillant, échangeait avec
notre drogman, dont le métier est de connaître
toutes les langues, quelques mots en italien ou
en espagnol, puis, sans daigner nous saluer ni
seulement nous regarder, il indiquait du doigt
la chambre où nous pouvions aller détendre un
peu nos membres fatigués.

Les moines qui habitent le couvent du Mont

Carmel, quoique appartenant à un ordre diffé-
rent, ne se distinguent pas sensiblement de
leurs frères en Saint-François sous le rapport de
l'activité et de l'amour du travail.

Je ferai cependant une exception pour un de
ces religieux, et avec d'autant plus de plaisir
que ce religieux est un Français : c'est le seul
compatriote que nous ayons trouvé dans les
différents couvents que nous avons visités, le
seul aussi qui respecte réellement la robe qu'il
porte et qui ne croie pas avoir été mis sur terre
uniquement pour dormir et digérer. Le père
Joseph, c'est ainsi qu'il s'appelle, est un homme
d'une haute stature, aux membres vigoureux, à
l'air résolu ; une belle barbe noire, qui tranche
sur la blancheur de sa robe monacale, encadre
un visage qui est le visage d'un zouave plutôt
que celui d'un religieux.

Pendant que les deux prêtres et moi nous
parcourions les longs corridors du monastère
sous la conduite du père Joseph, ce dernier,
avec une liberté, une franchise de langage, qui
nous reposaient des roucoulements italiens et

des amplifications espagnoles, nous racontait son arrivée au Mont Carmel et l'effarement de ses collègues à la vue de ce rude Français qui les regardait de haut et semblait apporter toute une révolution menaçante dans les plis de sa robe : ils voyaient en lui un réformateur et un soldat, c'est-à-dire un ennemi.

« Je vous assure, nous disait-il avec un air de bonne humeur quelque peu guerrière, que ce sont de fameux fainéants et que j'ai dû bien souvent troubler leur digestion. En arrivant ici, j'ai cru tomber dans un conservatoire de momies, tellement je voyais ces malheureux abrutis par l'inaction et la fainéantise. Alors moi, qui ne suis ni Italien ni Espagnol, mais qui ai du sang dauphinois, et du meilleur, dans les veines, j'ai voulu les secouer, les réveiller de leur torpeur : ç'a été le commencement de la lutte.

— Et la lutte a été chaude ? lui dis-je.

— Chaude ! c'est-à-dire que pendant six mois j'ai eu tout le couvent sur les bras. Pensez donc ! il y a derrière le monastère je ne sais combien d'hectares de bonne terre qui ne demandent qu'à rapporter; mais dame, il fallait, pour cela, défricher, labourer, semer; il fallait travailler, en un mot : c'était intolérable. Aussi on a écrit à Rome, on a dénoncé ce Français, ce révolutionnaire qui devait être cousin germain de l'Antéchrist, s'il n'était l'Antéchrist lui-même ; puis on m'a mis en quarantaine; ne pouvant me faire expulser du couvent, on affectait de m'y considérer comme un intrus, un malheureux que Dieu à la fin prendrait peut-être en pitié. Vous comprenez si tous ces manèges me faisaient peur, et si je m'en... *foutais*, » ajouta-t-il à voix basse en se penchant à mon oreille. Je le regardai étonné.

« Que ce mot ne vous effarouche pas, reprit-il tout haut; j'ai été marin dans ma jeunesse, et j'ai conservé de mon premier métier quelques expressions qui jurent — c'est le mot — avec le second, mais qui me sont très utiles pour me faire obéir de mes Arabes. »

Les deux prêtres, qui avaient parfaitement entendu, en rirent comme moi, car c'étaient des prêtres sensés.

« Tenez, reprit le père Joseph en ouvrant une fenêtre qui donnait sur la cour extérieure du couvent, regardez mes *lascars* qui vont labourer : car je dois vous dire que dans ma lutte j'ai fini par triompher. Il m'a été permis de me procurer deux bœufs, un cheval, deux Arabes, et l'on m'a donné un terrain. Ah ! par exemple, mes deux Arabes et moi pouvons nous vanter d'être les seuls qui fassions quelque chose ici. Mes collègues ont bien voulu me laisser travailler, mais je n'ai pas encore pu les décider à travailler eux-mêmes et à retrousser leurs manches, comme je le fais chaque matin. Cela viendra peut-être. En attendant, non seulement ils ont levé la quarantaine, mais encore ils sont devenus mes amis, car ils tremblent devant moi. »

La conversation dura aussi longtemps que la visite du couvent. Le père Joseph, après nous avoir fait l'historique complet du Mont Carmel, nous énuméra les ressources qu'un peuple civilisé et travailleur pourrait tirer de ces contrées sauvages, puis il entama un cours d'agriculture qui dénotait chez lui des goûts tout autres que ceux de la vie contemplative, puis enfin il en vint aux historiettes, aux anecdotes, et sur ce terrain-là il fut inépuisable.

« Vous devez me trouver bien bavard, n'est-ce pas ? nous dit-il ; mais cela fait tant de bien de pouvoir causer avec des Français qui vous comprennent et que l'on peut traiter, ceux-là, comme des amis ! »

Midi sonna. « Je vous quitte, nous dit le père Joseph ; il faut que je descende à Kaïffa pour confesser deux bonnes femmes qui ne veulent pas avoir d'autre directeur que moi. »

Et, appelant un de ses Arabes qui traversait la cour : « Ahmed, lui cria-t-il, selle vite Soliman et amène-le-moi. » Soliman était un cheval superbe, et le père Joseph le maniait avec la dextérité d'un chef arabe.

A midi et demi on nous servit dans le réfectoire destiné aux étrangers un déjeuner composé d'œufs, de poissons et de quelques grenades ; après quoi nous nous accordâmes une heure de sieste, dont nous éprouvions un réel besoin. Nous avions visité du reste tout ce qu'il y avait

à voir, notamment la grotte où se retirait le prophète Élie, et au-dessus de laquelle s'élève aujourd'hui la chapelle du couvent. La soirée se
passa en excursions dans cette partie de la montagne qui regarde la mer et le long de laquelle
courent quelques sentiers en lacets qu'on ne
peut gravir ou descendre qu'en s'aidant des
ronces et des aspérités du terrain. A mi-côte
nous entrâmes dans une grotte spacieuse, où,
suivant la légende, la sainte famille se réfugia
une nuit, lors de la fuite en Égypte. Les deux
prêtres, s'agenouillant sur le rocher, firent une
longue prière; le drogman, suivant l'habitude
des Maronites, baisa avec componction chaque
pierre de la grotte, en faisant force génuflexions
et signes de croix; et moi, malheureux libre-
penseur, je regrettai amèrement de n'avoir pas
cette foi qui est si consolante et si douce; je restai debout, mais ému jusqu'aux larmes en contemplant ce coin dans lequel Marie avait étendu
les membres fatigués de son divin fils. Cette
émotion, si tendre et si douloureuse tout à la
fois, ne m'a pas quitté un seul instant durant

tout mon voyage dans cette Judée si riche de souvenirs et de légendes. A défaut de la foi de l'âme, j'avais la foi du cœur, la foi de l'imagination, la foi qu'inspirent la poésie et la tendresse qui se dégagent de tous ces souvenirs ; et, sans vouloir raisonner ni seulement examiner mes contradictions, debout, mais la tête basse, je priai avec autant de ferveur que si j'avais cru réellement.

NAZARETH ET TIBÉRIADE

—

10 janvier.

AUJOURD'HUI, à midi, étant seul en avant de notre petite caravane, j'ai aperçu tout à coup, dans un détour du chemin, et au-dessous de moi, ce village de la Judée, cette humble bourgade qui tient une place si grande dans la poésie et dans l'histoire de l'humanité, et dont le nom éveille des sensations si étranges et si douces. De blanches et coquettes maisons, séparées par des jardins au feuillage sombre et éparpillées sur le flanc d'une colline, des chemins creux bordés d'aloès et de cactus, des champs de figuiers, des bouquets de lentisques, voilà sous quel aspect se présente Nazareth.

J'attends mes compagnons de route, et, une fois réunis, nous mettons pied à terre, et nous descendons, par un chemin excessivement raide, vers le couvent dont la masse énorme semble écraser les maisons voisines. Des enfants aux yeux vifs et à la figure rieuse viennent au-devant de nous et nous offrent tous à la fois des fleurs sauvages ; des vieillards aux longues barbes blanches, véritables patriarches, s'arrêtent et nous souhaitent la bienvenue de cette voix douce qu'ont les vieillards et les enfants ; des femmes aux traits réguliers, aux regards pensifs, nous sourient comme à des amis. Nous arrivons sur une petite place dont la fontaine, ombragée d'un figuier, laisse couler dans un bassin en pierre une eau fraîche et limpide ; plusieurs Nazaréennes sont là, riant, babillant, les unes emplissant leurs cruches, d'autres emportant sur leur tête leurs amphores pleines, qu'elles soutiennent de leurs bras gracieusement recourbés.

« C'est la fontaine de la sainte Vierge, nous dit Mansour; c'est là que Marie venait tous les matins puiser de l'eau et emplir sa cruche. »

Et nous nous arrêtons, et nous regardons, les yeux pleins de larmes, le cœur palpitant, ce tableau adorable que l'on dirait détaché d'une gravure de la Bible. Ce sont bien les mêmes Nazaréennes, c'est bien le même costume, le même babillage, le même cadre plein de fraîcheur et d'ombre. Là-bas, tout au bout du chemin, une jeune fille s'avance seule avec son amphore vide sur l'épaule gauche; son visage est gracieux; ses yeux, qu'elle tient baissés, sont d'une douceur et d'une pureté divines; elle approche lentement de la fontaine, elle emplit sa cruche, et, pensive, écoute, sans y mêler sa voix, le babil de ses compagnes. C'est Marie. Et dans quelques années, à deux pas de là, dans cette petite maison que nous apercevons sur notre droite, Jésus poussera le rabot, et Joseph, grave toujours, surveillera tendrement son jeune apprenti. Ah! je défie bien l'homme le plus sceptique et le plus blasé de venir à Nazareth et de

s'arrêter devant cette fontaine sans que les larmes lui montent aux yeux.

Fut-ce un effet de cette excitation d'âme dans
laquelle je me trouvais alors et qui agissait à
la fois sur mes sens et sur mon imagination ?
Je ne sais, mais je passai à Nazareth, dans le
couvent des Pères de la Terre-Sainte, une nuit
dont le souvenir ne s'effacera jamais de ma mémoire. Nous nous étions couchés de bonne
heure, et je ne sais depuis combien de temps je
dormais quand au milieu de mon sommeil je
crus entendre, non loin du couvent, d'abord
comme un gémissement plaintif, puis une modulation tremblante et à peine distincte, une
sorte de roucoulement qui s'éleva peu à peu,
puis s'éteignit, puis recommença de nouveau
et parut se rapprocher. Il était si triste et si
doux, ce chant qui, dans le mystérieux silence
de la nuit, semblait descendre du ciel plutôt que
monter de la terre, que moitié dormant, moitié éveillé, je me sentais plongé dans une extase
délicieuse. A un certain moment j'ouvris les
yeux tout à fait et aperçus, par la fenêtre de ma

chambre, un ciel noir constellé de myriades
d'étoiles. La mélodie était bien réelle : ce n'était
ni une hallucination ni un rêve. Tantôt grave
et profonde, tantôt montée sur un mode aigu, ne
se rapprochant soudain avec ses vibrations so-
nores que pour s'éloigner aussitôt et mourir
dans un faible gémissement, comme si un écho
lointain lui eût répondu, la voix semblait exprimer tantôt les souffrances d'ici-bas, tantôt les
béatitudes qui nous attendent au ciel; c'était
un cri de douleur dans une prière, puis une
plainte suppliante et douce comme celle d'une
femme, puis un chant de triomphe et d'allé-
gresse, un hymne d'amour et de reconnaissance.
Jamais plus mystérieuse mélodie ne m'avait
ému aussi tendrement. Je n'osais respirer, et
j'écoutais, les yeux pleins de larmes. La pensée que j'étais à Nazareth, à deux pas de l'humble toit qui avait abrité la sainte famille, donnait à mon émotion un caractère profondément
grave et religieux.

Après une dernière modulation, un dernier
gémissement qui alla se perdre dans les pro-

fondeurs silencieuses de la nuit, le chant cessa
tout à fait ; et moi, après être resté un moment
tout pensif, je me rendormis. Le lendemain je
m'informai, et j'appris que cette voix, dont les
dernières vibrations résonnaient encore à mon
oreille, était celle du muezzin sur le haut du
minaret de la mosquée voisine. Avais-je bien
entendu ? Une mosquée à Nazareth ! un mara-
bout priant et chantant là même où Jésus était
venu enseigner une nouvelle prière ! Eh bien,
ce contraste, loin de me choquer, me pénétra
d'une émotion sincère et m'apparut comme la
réalisation de ce qui devrait être le rêve universel :
la fusion de toutes les religions dans un hymne
unique d'espérance et de foi !

Après avoir quitté Nazareth, nous visitâmes
successivement le mont Thabor dont nos chevaux eurent beaucoup de peine à gravir les
pentes escarpées, puis Tibériade, la ville sacrée
des Juifs.

Tibériade offre, plus que toute autre ville de
la Judée, l'aspect d'une ville forte du temps des

croisades. Ses murs crénelés, dont les pierres jaunies par le temps s'écroulent çà et là, semblent les ruines d'une ville prise d'assaut depuis peu. Elle fait songer aux compagnons de Lusignan plutôt qu'aux humbles pêcheurs dont Jésus fit ses disciples. La population actuelle est presque entièrement juive; c'est dire que nulle ville au monde ne peut se vanter d'égaler Tibériade en ce que j'appellerai poliment le contraire de la coquetterie. Ses maisons ne sont pas des maisons, ce sont des étables ; ses rues ne sont pas des rues, ce sont des cloaques; et cependant ces étables sont habitées par des juifs qui viennent mourir là de tous les coins de la terre, et dont beaucoup sont millionnaires. Nulle part le dédain du luxe, sinon des richesses, n'a produit de plus édifiants miracles.

La vue du beau lac de Génésareth, dont le nom rappelle tant de poétiques souvenirs, nous réconforta un peu. Sur ses bords, à dix minutes de Tibériade, j'allai voir les piscines d'Emmaüs, célèbres dans l'Écriture, et dont la coupole en ruine abrite encore deux bassins octogones

toujours pleins d'une eau chaude et sulfureuse.
Je trouvai tout auprès, étendu sur une mauvaise natte, un malheureux juif paralytique qui
s'y était traîné de fort loin et se proposait d'y
faire une saison complète. Jésus ne revient-il
donc jamais visiter ces ruines témoins de ses
prédications et de ses miracles? Et son regard
s'abaissera-t-il sur le descendant de ceux qui
l'ont fait mourir?

La nuit que je passai à Tibériade devait faire
le pendant de celle que j'avais passée à Nazareth;
mais cette fois l'hallucination allait être réelle
et des plus étranges. Il avait fait, pendant
toute la journée, une chaleur véritablement suf-
focante; nous avions cheminé durant sept ou
huit heures sous un soleil de plomb, sans un
souffle d'air, et nous étions enfin arrivés au
couvent des Pères de la Terre-Sainte dans un
état d'abattement complet et avec des maux de
tête cousins de la fièvre. Quant à nos chevaux,
je n'en parle pas; les pauvres bêtes, à peine
arrivées, s'étaient laissées tomber dans la cour
du couvent, n'en pouvant plus et refusant toute

nourriture. Le soir, la chaleur, loin de diminuer avec le coucher du soleil, semblait être devenue plus étouffante encore ; nous avions eu beau prendre un bain prolongé dans le lac de Tibériade, nous étions à bout de forces et nous sentions déjà le feu de la fièvre courir dans nos veines.

Aussitôt après le souper, prévoyant que j'appellerais en vain le sommeil dans la cellule étroite où je devais passer la nuit, je montai seul sur la terrasse du couvent. Le ciel tout scintillant d'étoiles était d'une beauté et d'une profondeur incomparables ; la lune, presque aussi brillante que notre pauvre soleil d'Europe, baignait toute la contrée de sa lueur mélancolique, blanchissant les terrasses, se réfléchissant dans les eaux du lac et déchiquetant les monts d'Arabie qui fermaient l'horizon.

A demi couché sur une natte, un coude à terre et la tête sur ma main, je contemplais vaguement ce spectacle fantastique, et tous les souvenirs, toutes les légendes évoquées par ces noms de Génésareth, d'Emmaüs, de Capharnaüm, se déroulaient dans ma pensée, puis se dressaient, sous une forme visible, devant mes yeux. La même émotion qui m'avait envahi à Nazareth s'emparait de moi à ce moment-là, mais d'une manière plus vive encore et plus puissante. Sur ce beau lac de Tibériade, dont l'immobilité toute phosphorescente scintillait sous le ciel étoilé comme un poisson gigantesque qui ferait miroiter au soleil ses écailles d'argent, je voyais s'avancer, avec sa voilure blanche, un bateau monté par d'humbles pêcheurs; devant eux, Jésus, calme et le front ceint d'une auréole, marchait sur les flots. Dans le ciel cependant une étoile, plus brillante que les autres, semblait le contempler et guider tous ses mouvements.

Cette vision, cette hallucination devint tellement vive que je pris peur. Je voyais réellement.

En proie à une émotion singulière, je redescendis, n'osant plus regarder le firmament dont chaque étoile allait revêtir à mon imagination troublée l'image d'un ange ou d'un Dieu. Je regagnai ma cellule à tâtons, fermant les yeux pour échapper à une vision dans laquelle je craignais de laisser le peu de raison qui me restait.

Une fois couché, j'appelai en vain un sommeil qui semblait me fuir pour me laisser me débattre au milieu des fantômes dont j'étais obsédé. Un sentiment de terreur surnaturelle s'empara de moi, et, frissonnant, je me levai et descendis dans la cour. Les chevaux étaient toujours étendus dans un coin, les membres raidis, comme morts. A côté d'eux, Mansour et ses moukres, allongés sur le sol nu, dormaient anéantis, avec des gémissements de fiévreux. Je pris dans un coin la couverture de mon cheval, et, m'étendant dessus la face contre terre, je finis par m'endormir.

JÉRUSALEM

L y a onze jours que nous avons quitté Beyrouth, et nous avons fait en moyenne, sur nos chevaux qui sont exténués, sept à huit lieues par jour. Ce serait peu assurément si le pays que nous venons de traverser s'appelait l'Auvergne ou le Dauphiné ; mais c'est beaucoup si l'on considère que nous avons cheminé sous un soleil dont les caresses étaient par trop brûlantes, et qui distillait tout bonnement sur nos têtes du plomb fondu. Nous avons franchi des vallées où l'œil attristé rencontrait des rochers en place de verdure, et nous avons dormi, au milieu du jour, à l'ombre de quelque maigre olivier; nos bêtes ont escaladé des pics ou descendu des abîmes que n'eût pas affrontés une mule d'Espagne. Affaissés plutôt qu'assis sur nos petits chevaux, la tête protégée par une ombrelle et les yeux par de grosses lunettes bleues, nous nous sommes laissé conduire avec une docilité angélique par notre ami Mansour; quant à ce dernier, durant les onze étapes, il n'a cessé de faire des signes de croix que pour courir avec des jurons effroyables sur ses moukres, qui se vengeaient eux-mêmes sur leurs mulets.

Cependant nous n'avons pas trouvé de l'ombre que sous les arceaux des couvents ou sous les dômes minuscules des marabouts : il est en Palestine des vallées qui seraient d'une fertilité admirable si elles étaient mieux cultivées, et des coteaux couverts de vignes et d'arbres fruitiers. Çà et là quelques fraîches oasis nous ont prêté, pour le déjeuner de midi, l'ombrage d'un figuier monstre et le gai murmure d'une claire fontaine : ç'a été El-Kantara, notre première halte ; Cana, où les gens du pays nous montrèrent sans rire, dans une masure délabrée, les vases qui avaient servi au changement de l'eau en vin ; Sulam, où les descendants dégénérés de la belle Sulamite nous ont effrontément jeté des pierres ; Naplouse, l'ancienne Sichem, dont les maisons courent comme une rivière dans le lit resserré qui sépare le mont Ebal du mont Garitzim ; puis Nazareth, le mont Thabor, et enfin, plus près de Jérusalem, la vallée du Térébinthe, qui vit la lutte de David contre le géant Goliath.

Ce matin, en montant à cheval avant le jour, suivant la sage règle que nous nous sommes imposée, nous avons pensé : Voici le commencement de notre dernière étape. Après avoir tour à tour gravi et descendu plusieurs coteaux plantés de vignes et jalonnés de maigres oliviers, nous nous sommes trouvés tout à coup au milieu d'un désert de cailloux et de ronces : aussi loin que la vue peut s'étendre, on n'aperçoit pas une culture, un jardin, un champ. Cela ressemble à un cimetière abandonné ou au lit de quelque lac desséché : une morne désolation, une tristesse farouche, planent sur toute cette étendue. On sent que l'on approche de la Ville sainte.

Les deux prêtres, au pas de leurs chevaux, ont pris leurs bréviaires et psalmodient d'une voix grave et monotone, et moi, j'écoute, pensif et la tête baissée; le drogman se tait, les moukres eux-mêmes poussent les chevaux en silence. Toute la caravane s'avance ainsi, dans un recueillement plein d'une gravité religieuse. Nous savons que dans un moment des murailles sombres, qui sont celles de Jérusalem, vont surgir à nos yeux de ce sol désolé, et l'approche de la Ville sainte éveille peu à peu une émotion mystérieuse à laquelle nul ne peut se soustraire.

Tout à coup le drogman s'élance, au galop de son cheval, au sommet d'un monticule qui nous cache l'horizon, et, quand nous l'avons rejoint : « Voilà Jérusalem! » nous dit-il presque à voix basse, et tout aussitôt nous nous arrêtons. Je renonce à dépeindre l'émotion qui s’empare de chacun de nous à ce nom, que nous avons prononcé cependant tant de fois depuis onze jours. Le sang s’est arrêté dans nos veines ; nous sommes là, pâles, immobiles, les yeux grands ouverts sur la Ville sainte et la campagne qui l’entoure ; nous contemplons avidement et en silence le spectacle qui s’offre à nos regards. Puis les questions montent à nos lèvres, presque hésitantes. « Quelle est cette montagne à gauche que couronne un bâtiment à peine achevé ? — C’est la montagne des Oliviers, nous répond Mansour ; et le bâtiment tout neuf, c’est le monastère que fait construire une Française, la princesse de La Tour-d’Auvergne. — Et le jardin des Oliviers, où est-il ? — Voyez, un peu plus bas : c’est cet espace carré, entouré d’un mur derrière lequel vous apercevez ces oliviers énormes. — Et la vallée de Josaphat ? — Vous l’avez devant vous : c’est ce ravin tout hérissé de tombeaux et au fond duquel court le Cédron. »

Et, pendant que nous regardons, nos cœurs se serrent, notre respiration s’arrête, un voile humide s’étend devant nos yeux. Allons, en

route! et entrons dans Jérusalem. Aussi bien,
d'où nous sommes, nous n'en voyons guère que
les fortifications, murailles hautes et sombres,
bâties sur des monceaux de cendres et de ruines,
et derrière lesquelles nos regards impatients
cherchent le Calvaire. Nous entrons par la Porte
de David. Nous enfilons une série de petites
rues étroites, tortueuses, bordées de boutiques
basses où s'étalent les chapelets et les menus
objets de piété, et sillonnées par une foule de
juifs aux haillons sombres, d'Arabes multico-
lores, de prêtres et de capucins. Arrivés à la petite porte de la *Casa Nuova*, couvent des Pères
de la Terre-Sainte, nous sommes accueillis cor-
dialement par le brave frère Jean, et nous prenons
possession des cellules qui nous sont offertes.

Je n'entreprendrai pas de décrire Jérusalem;
un volume, deux volumes n'y suffiraient pas.
J'aborderai cependant, de préférence à tous les
autres, un sujet particulier, celui qui a trait
aux églises de la Terre-Sainte, et, si je parle
surtout de l'église du Saint-Sépulcre à Jérusa-

lem et de celle de la Nativité à Bethléem, les observations qui vont suivre ne s'en appliquent pas moins à toutes les autres.

« Il faut vraiment que Notre-Seigneur ne veuille pas que nous attachions trop d'importance aux choses extérieures, pour qu'il permette de telles ignominies dans les lieux qui lui sont consacrés. »

Cette réflexion n'est pas de moi ; je l'ai entendue sortir, avec un air de tristesse indicible chez celui qui la formulait, de la bouche d'un des deux prêtres qui m'accompagnaient lors de ma visite au Saint-Sépulcre ; et elle résume bien l'impression que doit éprouver tout chrétien sérieux et intelligent au spectacle de ce qui se passe à Jérusalem. En effet, sans nous arrêter aux naïvetés, aux niaiseries devrais-je dire, propagées et encouragées par le clergé de ces pays-là, niaiseries qui consistent à montrer aux étrangers le balcon du haut duquel Pilate harangua les Juifs, le carrefour où Jésus tomba pour la seconde fois, la pierre où le coq a chanté, pénétrons, si vous le voulez bien, dans l'église immense élevée sur l'emplacement qui, selon la tradition, fut le Calvaire. Dès l'entrée, le premier spectacle qui frappera nos yeux et nous impressionnera péniblement, c'est celui de quatre soldats turcs fumant leur pipe, accroupis dans une niche, et de plusieurs autres montant la garde, baïonnette au fusil, au pied de chaque pilier. Le premier mouvement, à cette vue, est de se révolter, n'est-ce pas? et de crier à la profanation. Hélas! oui, il y a profanation, et plût à Dieu qu'elle vînt du gouvernement turc et de la présence, que l'on juge scandaleuse, de ces soldats musulmans préposés à la garde du tombeau du Christ. Malheureusement il n'en va pas ainsi, et c'est le clergé, les clergés plutôt, car il n'y a pas moins de cinq rites qui se disputent l'intérieur de l'église, qui rendent nécessaires ces uniformes et ces baïonnettes.

La première fois que je visitai le Saint-Sépulcre en compagnie des deux prêtres qui avaient été mes compagnons de route, à peine étions-nous entrés que notre attention fut attirée par des éclats de voix et des imprécations lancées dans une langue qui nous était inconnue, mais dont l'intention injurieuse était suffisamment claire; nous nous dirigeâmes du côté d'où partait tant de bruit, et nous vîmes deux prêtres du rite grec qui préludaient à une prise aux cheveux par des cris et des gestes peu en usage au pied des autels : un factionnaire turc, qui accourait derrière nous, eut beaucoup de peine à séparer les combattants. Un moment après, m'étant approché un peu trop, paraît-il, d'une ouverture béante qui s'ouvre dans un quartier de roc laissé à nu et que l'on donne pour la fente qui se produisit dans le rocher à la mort de Jésus, je fus grossièrement interpellé par un autre prêtre, latin celui-là, et dont j'aurais volontiers calmé la colère d'une certaine façon, si l'endroit avait été mieux choisi. Voilà le spectacle ignoble que tous les jours, dans le Temple des temples, dans un lieu où l'on ne devrait pénétrer qu'à genoux et ne parler qu'à voix basse, on est sûr d'avoir sous les yeux. Aussi, en sortant du sanctuaire que le clergé du pays a transformé en corps de garde, je saluai avec respect les factionnaires du sultan.

Dans une visite à l'église de la Nativité, à Bethléem, visite que je fis seul, je n'eus pas à subir les mêmes désagréments ; mais la vue des tableaux religieux lacérés en divers endroits, et dont quelques-uns n'étaient plus que des lambeaux de toile pendants hors du cadre, me rappela suffisamment que je n'étais pas dans une église française. Je m'informai, et j'appris que les prêtres latins et les prêtres grecs préposés à la garde de l'église, s'étant la veille pris de querelle au sujet d'une lampe d'argent qu'ils s'accusaient mutuellement de s'être dérobée, avaient tourné leur fureur contre ces innocents tableaux et les avaient ainsi déchiquetés à coups de poignard. C'est le cas ou jamais de finir ce récit comme un article de journal, par l'exclamation ordinaire : Triste ! triste !

Aussitôt arrivés à Jérusalem, nous avions renvoyé à Beyrouth, leur patrie commune, Mansour, les deux moukres, les quatre chevaux et les deux mulets. Le drogman, avant de nous

quitter, nous avait demandé un certificat d'habi-
leté et de bonne conduite que nous lui avions
octroyé bien volontiers. Huit jours de repos dans
la Ville sainte nous remirent de toutes nos fatigues,
et c'est alors seulement que la dispersion défini-
tive de notre petite caravane fut consommée.
Je m'apprêtais en effet à partir pour les rives de
la mer Morte et du Jourdain, et les deux prêtres,
de leur côté, allaient commencer une retraite
qui devait se prolonger au delà de mon séjour
à Jérusalem. Je pris donc congé d'eux et nous
nous adressâmes mutuellement les souhaits les
plus sincères. Puissent-ils garder de leur jeune
compagnon de route le bon souvenir que je con-
serverai toujours d'eux !

Le lendemain, accompagné d'un drogman
pris à Jérusalem et d'un Bédouin, je montai de
nouveau à cheval, et, bien d'aplomb sur ma
selle arabe, caracolai un moment devant la
Casa Nuova, aussi fier que si je fusse parti pour
tailler en pièces une armée de Sarrasins.

LA MER MORTE ET LE JOURDAIN

24 janvier.

Nous avons quitté Jérusalem à midi. Après une halte de deux ou trois heures à Bethléem, nous remontons à cheval, et descendons pendant dix minutes un de ces sentiers sautant de rocher en rocher qui ne sont guère praticables que pour les chevaux du pays. On en trouve ainsi de loin en loin : ce sont là les grandes routes de la Judée, où les voitures sont inconnues et seraient du reste parfaitement inutiles. Laissant à gauche la grotte des Pasteurs, où les bergers virent l'étoile qui leur annonçait la naissance d'un

16

Dieu, et à droite le champ de Booz, où la tradition place la légende si poétique de Ruth la glaneuse, nous trouvons enfin le véritable désert. Là, plus d'oliviers, plus de figuiers, comme aux environs de Nazareth et de Tibériade, plus de ces longues caravanes de chameaux s'avançant majestueusement par files de deux à trois cents, mais le désert dans toute sa nudité. C'est un labyrinthe sans bornes de montagnes rondes, avec des ravins sans fond; pas un arbre, pas une herbe, pas un oiseau. Notre petite caravane ondule sur le dos de ces vagues pétrifiées, sous un ciel d'un bleu intense, au milieu duquel flamboie un implacable soleil. De temps en temps, et lorsque nous arrivons au sommet d'une de ces montagnes, une odeur fétide de sel et de soufre, qui nous prend à la gorge, et une ligne bleue qui se dessine à l'horizon, nous annoncent que nous approchons du fameux lac Asphaltite.

Ces excursions de Jérusalem à la mer Morte ne laissent pas que d'offrir, même de nos jours, un certain danger, et ne peuvent se faire sans escorte. Cette escorte, du reste, se compose le plus ordinairement d'un seul Bédouin que, sur la recommandation du consul, vous prête, moyennant rétribution, le cheik de la tribu que l'on a à traverser. Celui avec qui je traitai, et qui demeurait à Jéricho, où il commandait à plus de vingt mille Arabes, me dépêcha son propre fils, un Bédouin de la plus belle eau, monté sur une jument de race, armé d'un fusil d'une demi-lieue de long, et d'un cimeterre qui n'en finissait plus et avait, selon lui, tranché déjà plus d'une tête. Le reste de mon escorte se composait du drogman obligatoire.

Nous avions d'excellents chevaux, d'une ardeur et d'une rapidité incroyables, et de beaucoup supérieurs à ceux que Mansour avait racolés à Beyrouth : aussi ne puis-je résister au désir de faire ici, en quelques lignes, le panégyrique de ces nobles bêtes.

Le cheval syrien est d'une sagacité étonnante et d'une intelligence bien supérieure à celle de la plupart des cavaliers qui le montent; ajoutez-y une docilité à toute épreuve. Son maître descend-il, il peut lui laisser sans crainte la bride sur le cou, le cheval le suivra et lui marchera, pour ainsi dire, sur les talons ; vient-il à tomber, le cheval s'arrêtera net et ne fera pas un mouvement que son cavalier ne se soit relevé et remis en selle. Aussi la tendresse de l'Arabe pour son cheval, quoique proverbiale, est rigoureusement vraie, et c'est un peu ce qui explique les prix insensés que l'acquéreur est quelquefois obligé de mettre à ces bêtes admirables sous bien des rapports. On cite telle jument de race qui s'est vendue à Damas vingt-cinq mille francs, telle autre dont le propriétaire n'a jamais voulu se défaire, malgré des offres extravagantes ; les chevaux de dix mille francs ne sont pas rares. L'Arabe qui possède un bon cheval est le plus riche des hommes, n'eût-il pas un sou.

Nous étions donc trois cavaliers, tous armés de pied en cap, et prêts à vendre chèrement une vie que personne ne songeait à nous acheter. Dix minutes pourtant avant d'arriver au couvent de Saint-Sabas, où nous devions passer la nuit, nous apercevons, collées au flanc d'une

montagne, quatre ou cinq masses noires et indé-
cises; c'étaient des tentes de Bédouins. Deux de
ces derniers, à notre vue, se détachent du
campement et accourent bride abattue; mais ils
s'arrêtent à quelques pas, et ces mêmes hommes
qui m'auraient pour le moins dépouillé, si je
n'avais été accompagné d'un des leurs, me
saluent en mettant la main sur leur cœur, et me
font signe de continuer ma route, en me jetant
un salamalec que je leur rends avec une dignité
tout orientale.

Nous apercevions, au fond du ravin le long
duquel nous roulions, les deux tours du couvent grec de Saint-Sabas, un des plus pittoresques édifices que l'on puisse voir en ce
pays où le pittoresque abonde. C'est moins un
couvent qu'une forteresse, non seulement à
l'abri d'un coup de main, mais capable encore
de soutenir un siège en règle. Une soixantaine
de religieux grecs non unis l'habitent. Quand
on arrive à la porte du monastère, le moine qui
est de garde sur une des tours fait descendre
un panier dans lequel on dépose la lettre de

permission du patriarche grec de Jérusalem
sans laquelle l'entrée est interdite. Dès qu'il a
vérifié la légalité du permis, il donne un signal,
et la porte de fer extérieure s'ouvre. On descend
un escalier d'une cinquantaine de marches, on
franchit une seconde porte de fer, et on descend
un autre escalier pour arriver dans une petite
cour pavée.

Là, un frère me servit le café et m'indiqua la
cellule où je devais passer la nuit, puis il s'offrit à me faire visiter le couvent. Peu de choses
à voir, du reste : le tombeau de saint Sabas,
celui de saint Jean Damascène, l'église, ornée
de peintures insignifiantes, puis les grottes qui
servirent de cellules aux premiers anachorètes,
et c'est tout. Dans le fond d'une petite chapelle
très obscure, le frère ouvrit une espèce d'armoire, et me fit signe de jeter un coup d'œil à
l'intérieur; là se dressait une pyramide de deux
cent cinquante crânes, seuls restes des religieux du couvent massacrés au septième siècle.
En sortant de là nous traversâmes un petit jardin où travaillait un individu affublé d'un cos-

tume des plus primitifs. « Celui-ci, c'est un Français, me dit le frère, il est là depuis dix ans.
Et il est fou, » ajouta-t-il. Je n'avais pas de peine
à le croire. Plus loin, un religieux, âgé, toujours
d'après mon guide, de cent dix ans, était pro-
sterné et faisait sa prière. Dans le réfectoire, le
père supérieur dînait de quelques olives.
J'avais vu tout ce qu'il y avait à voir, et comme
je remerciais mon guide, que je ne devais pas
revoir le lendemain : « Bon voyage, me dit-il, et
Dieu vous garde des mauvaises rencontres ! »
Pour toute réponse, je lui montrai mon Bédouin,
caché en ce moment presque tout entier derrière
son grand sabre. « Les Bédouins, c'est très
bien, reprit-il, mais vous pouvez trouver autre
chose que des Bédouins et des chacals. — Quoi
encore ? — Mais la hyène, la panthère ; nous
avons aussi quelques lions. » Décidément ce
bon moine tenait à m'effrayer, et j'avoue que
cette confidence, que je ne lui demandais pas,
me fit passer un léger frisson par tout le corps.
« Merci, mon frère, lui répondis-je, vous savez
que j'ai demain quatorze ou quinze heures de

cheval à faire; un peu de repos me vaudra
mieux sans doute que toutes ces histoires-là. »

Après un véritable repas d'anachorète, je
m'étendis sur ma natte; mes deux Arabes dormaient déjà dans la cour, enveloppés dans leurs
burnous. Je ne pus fermer l'œil; les panthères,
d'un côté, les deux cent cinquante têtes, de
l'autre, exécutaient dans la mienne des saraban-
des infernales. Je me levai, je réveillai mes
hommes, et à trois heures du matin nous sor-
tions du couvent et partions pour la mer
Morte.

25 janvier.

Donc, à trois heures précises du matin, nous
avions pris le café, nos chevaux avaient englouti
leur maigre ration d'orge et escaladaient en
glissant les soixante ou soixante-dix marches
au haut desquelles la dernière porte de fer s'ouvrit en grinçant devant nous.

Nous remontons le chemin de Jérusalem en

longeant le Cédron, que nous franchissons au bout de vingt minutes. Les sentiers étaient deux fois plus mauvais encore que ceux de la veille. Sari (vous ai-je dit que mon Bédouin se nommait Sari?) s'avançait à dix pas devant nous, l'œil au guet et le fusil couché en travers devant sa selle. Je venais ensuite, et mon drogman fermait la marche, assurant nos derrières. De loin en loin nous rencontrions des amas de pierres formés là pour avertir les musulmans qu'en ce lieu ils sont en vue de Nebi-Moussa. Nebi-Moussa est un couvent qui fut fondé au quatrième siècle par saint Euthyme, et dont plus tard les musulmans s'emparèrent, s'imaginant que Moïse y avait été enseveli. Voici comment, d'après les Arabes, Moïse mourut et fut enterré en ce lieu. Ce récit, que j'emprunte au livre du frère Liévin sur la Terre-Sainte, m'a paru assez intéressant pour être relaté ici.

« Le prophète Moïse était parvenu à l'âge de cent vingt ans sans avoir aucune des infirmités de la vieillesse : car Dieu, dont il était le favori, lui avait promis de le laisser en ce monde et de ne le rappeler à lui que quand il serait volontairement descendu dans son sépulcre. Comme Moïse savait que son peuple, après sa mort, se détournerait du droit chemin et exciterait la colère divine, il ne se pressait pas de mourir, et avec le plus grand soin évitait d'approcher d'aucun tombeau. Cependant le temps était venu de lui donner l'éternel repos. Un jour qu'il se promenait dans les montagnes, il aperçut sur une colline blanche comme la neige quatre hommes qui, avec de grands efforts, creusaient une salle dans les flancs du rocher. Ces hommes étaient quatre anges envoyés par Dieu et revêtus d'une enveloppe grossière pour mieux tromper le prophète. « Que faites-vous dans ce lieu solitaire ? demanda Moïse aux travailleurs. — Nous préparons une retraite où notre roi veut enfermer le plus précieux de ses trésors, répondirent-ils ; c'est pour cela que nous nous sommes écartés dans le désert. Notre tâche est à peu près finie, nous allons attendre ici l'arrivée du précieux dépôt qui ne peut tarder beaucoup. »

« Le soleil était ardent, et nul endroit aux

environs n'offrait le moindre abri contre ses rayons. La caverne seule présentait une ombre délicieuse et une fraîcheur séduisante; Moïse, accablé de fatigue, entra pour se reposer un instant sur le banc de pierre placé au fond et qui semblait l'inviter au repos.

« Dès qu'il y fut assis, un des quatre ouvriers s'approcha et lui offrit, avec le plus grand respect, une pomme à la couleur appétissante, que le prophète accepta pour se désaltérer. Mais à peine en eut-il respiré l'odeur qu'il tomba dans le sommeil de l'éternité. Son âme, recueillie par les anges, ministres des ordres du Très-Haut, fut portée sur leurs ailes devant le trône de Dieu, et son corps demeura étendu dans la grotte, où il repose encore aujourd'hui. »

En quittant le tombeau de Moïse, le sentier devient tellement escarpé et difficile que, malgré toute la confiance que nous avons en nos chevaux, nous préférons descendre et faire le chemin à pied. Au bout de dix minutes le passage dangereux est franchi, nous remontons sur nos bêtes et trouvons enfin la plaine; il y avait cinq heures que nous étions en route. Nos chevaux, heureux de voir enfin devant eux l'espace libre, se mirent au galop, et ce fut pendant une demi-heure une course vertigineuse. Jamais je ne m'étais senti emporté avec une telle rapidité; je ne voyais plus rien et je sentais que la respiration allait me manquer; je parvins enfin, non sans avoir failli me faire désarçonner deux ou trois fois, à modérer l'allure de mon cheval dont la vigueur se retrempait à chaque instant dans les cris sauvages de mes deux Arabes. Sari, qui avait tenu la tête tout le temps que dura cette course effrénée, ne paraissait pas trop fier de sa victoire, en homme habitué qu'il était à lutter avec d'autres cavaliers qu'un misérable Européen.

La route serpentait alors entre des broussailles, des roseaux et une multitude de plantes grasses qui se plaisent dans ce terrain chaud et salé. Nous trouvions aussi des pierres blanchâtres en dehors, mais toutes noires en dedans; ces pierres, paraît-il, brûlent comme du charbon. L'odeur fétide de la mer Morte se faisait sentir de plus en plus, et me causa même des maux de tête, qui heureusement ne durèrent que quelques minutes. En ce moment nous aperçûmes un troupeau de gazelles qui s'enfuit, à notre approche, dans la direction de Jéricho ; Sari se mit à leur poursuite, leur lâcha un coup de fusil et revint bredouille ; il se vengea cinq minutes plus tard sur une malheureuse perdrix qui se leva, en compagnie de beaucoup d'autres, de dessous les pieds de nos chevaux ; nous l'envoyâmes rejoindre, dans le sac aux provisions, la boîte de sardines et le poulet traditionnels qu'un bon drogman ne manque jamais d'emporter avec lui.

Au bout de douze minutes, nous arrivons à la mer Morte. La mer Morte, ou lac Asphaltite, a vingt lieues de long sur quatre de large en moyenne. Ses flots, difficilement soulevés par le vent, retombent pesamment et viennent s'échouer au rivage sans aucune ride ; on dirait du métal fondu. Cette eau est gluante et s'attache à la peau comme de l'huile ; elle a été analysée plusieurs fois, et l'on a reconnu qu'elle contient un quart de son poids de substances salines. Cette grande salure des eaux de la mer Morte est sans doute la vraie cause de l'absence d'êtres vivants dans son sein : on n'y trouve aucun poisson, ses bords sont complètement inhabités. Les Arabes prétendent que l'on voit encore de temps en temps au fond du lac les ruines des cinq villes coupables qui y furent englouties.

Malgré l'appréhension bien naturelle que j'avais de piquer une tête sur une terrasse de Sodome ou de Gomorrhe, comme l'eau, quoique lourde et onctueuse, était limpide, je descendis de cheval et pris un bain dont mes membres fatigués avaient grand besoin. La résistance que fait cette eau empêche d'y plonger à une certaine profondeur, et le corps y surnage comme un morceau de liège. Un père franciscain de Jérusalem m'avait raconté que, se baignant un jour dans la mer Morte, il lui avait pris fantaisie de s'attacher au pied un poids de trois kilos, malgré lequel il était resté à la surface de l'eau sans bouger. N'ayant pas sur moi en ce moment un poids de six livres, je ne renouvelai pas l'expérience, mais, une fois dans l'eau, je pus constater qu'avec la meilleure volonté du monde, il serait impossible de s'y noyer. Pour y nager, il faut se tenir obliquement, car, dans la position ordinaire, les jambes sortent de l'eau, tandis que le buste enfonce; on est donc obligé ou de se coucher sur le dos, ou mieux encore de se tenir debout, en agitant un peu les mains pour ne pas perdre l'équilibre. Après un bain de quelques minutes, je m'habillai à la hâte; puis, remontant à cheval avec mes deux Arabes, nous galopâmes jusqu'au Jourdain : car il est nécessaire, en sortant de la mer Morte, de prendre un second bain pour se débarrasser des efflorescences de sel dont la peau est couverte.

Après une marche de quarante-cinq minutes environ, nous arrivâmes à un petit bois de baumiers, de tamarins et autres arbustes, dont les branches s'étendaient sur le Jourdain et le cachaient entièrement à nos yeux. Rien de plus frais, rien de plus gracieux que les rives du fleuve en cet endroit. Le Jourdain, que l'on ne

peut voir avant d'être tout à fait sur le bord,
ondule entre deux guirlandes de rameaux, et
mêle son doux murmure au chant des oiseaux
qui vous récrée en toute saison dans cet Éden de
la Palestine. Le Jourdain, qui prend sa source
au pied du D'jibli-Cheik, traverse le lac de
Tibériade, comme le Rhône le lac de Léman à
Genève, sans y mêler ses eaux, et, après un parcours d'une quarantaine de lieues, se jette dans
la mer Morte. Nous choisîmes pour notre halte
une fraîche oasis, où la rive moins escarpée
nous permettait de descendre sur le bord de
l'eau. Que de souvenirs, du reste, m'engageaient
à choisir cet endroit où s'arrêtent tous les pèlerins qui viennent visiter le grand fleuve des
Hébreux ! C'est là, c'est à cette place même que
le Christ a été baptisé par saint Jean ; c'est là
que les eaux du Jourdain ont reculé pour laisser
passer Josué, suivi de tout le peuple d'Israël,
lors de son entrée dans la Terre promise. Le
fleuve en cet endroit a tout au plus trente mètres
de largeur, mais il est assez profond et son courant est très rapide. Je me plongeai avec délices

dans ses eaux sacrées, et, en m'aidant des branches qui s'avancent à leur surface, je pus tenir tête au courant, qui m'aurait inévitablement mené prendre un troisième bain dans la mer Morte.

Il était dix heures; un appétit aiguisé par deux bains successifs et avivé encore par le souvenir de la perdrix tuée le matin me fit sortir de l'eau plus tôt que je n'aurais voulu; mes Arabes, du reste, commençaient à s'impatienter, et je les voyais, non sans inquiétude, jeter des regards farouches sur le sac aux provisions. Je me rappelai alors mes anciennes fonctions de chef d'escouade, et, envoyant l'un de mes hommes à l'eau, l'autre au bois, je me mis moi-même à plumer la perdrix, qui ne s'attendait pas, trois heures avant, à l'honneur d'être mangée par un Français. Je la fis griller tant bien que mal, et la partageai fraternellement avec mes deux guides.

Nous quittâmes à regret les bords du Jourdain. Devant nous s'ouvrait une vaste et belle plaine, couverte de figuiers et de citronniers.

Je m'élançai seul en avant, et, voyant un groupe de Bédouins en train de faire la sieste, je piquai droit sur eux. Il paraît qu'ils étaient bien disposés ce jour-là, ou plutôt ils se doutèrent que je n'étais pas seul ; toujours est-il que, tout en me lançant des regards peu aimables, ils me laissèrent parfaitement passer. Mes deux compagnons me rejoignirent peu après. Nous arrivions en ce moment auprès de quelques huttes en pierres sèches et en branchages, d'un aspect tout à fait misérable : c'était Jéricho. Sari ne voulut pas nous laisser traverser le pays sans nous présenter à son père, qui, comme je l'ai dit plus haut, était le cheik ou gouverneur de la tribu, et commandait à cent cinquante villages. C'était là du reste que nous devions faire la grande halte.

Le palais du cheik, où était établi le quartier général de la tribu, était une espèce de cour, sale à faire plaisir, et entourée d'une forte haie de broussailles ; au milieu était un réservoir d'eau auquel bêtes et gens venaient s'abreuver. A côté de ce réservoir, à l'ombre d'un beau citronnier dont les branches les plus basses baignaient dans l'eau, sur une natte recouverte d'une chose sans nom qui autrefois avait dû être un tapis, se tenait gravement accroupi le cheik, vieux Bédouin à la physionomie plus féroce qu'intelligente. Il me fit apporter le café et le narguilhé de rigueur, et, comme entre gens qui ne parlent pas la même langue, la conversation ne pouvait être bien intéressante, je m'étendis sur ma natte et me livrai en toute liberté à mes réflexions habituelles. « Voilà donc, me disais-je pour la centième fois, ce qu'est devenu ce beau pays d'Israël, ce royaume de Juda, ce pays de Chanaan, cette Terre promise enfin, qui a vu sur les sommets verdoyants ou arides de ses belles montagnes, dans le creux de ses frais vallons, à l'ombre de ses orangers et de ses figuiers, le long de ses ruisseaux et de ses torrents, se dérouler en action le plus merveilleux poème de l'humanité ! Voilà donc cette patrie tant chérie et tant convoitée, et pour la possession de laquelle tant de sang a été répandu ! Ces champs si riches et si prospères autrefois, ces

plaines encore aujourd'hui aussi fertiles que le
plus fertile de nos départements, si elles étaient
cultivées, n'ont plus pour propriétaires que
quelques misérables Bédouins qui aimeraient
mieux mourir de faim cent fois que d'essayer
même d'en tirer parti. Et ces villes qui de leur
ancienne splendeur n'ont conservé que le souvenir, Jéricho, Samarie, Jezraël, ces villes qui
ont eu des monuments, des temples, des palais,
ces villes qui ont été des capitales ! où sont-elles
maintenant ? où les trouver ? Je regarde et n'ai
plus sous les yeux qu'un assemblage informe de
misérables cabanes et de huttes infectes ! Comme
on voit bien que la vengeance divine a passé
sur ce malheureux pays ! Mais comme il se re-
lèverait facilement et promptement de son
abaissement de tant de siècles, si Dieu, et aussi
un peu les Turcs, le permettaient ! »

J'en étais là de mes réflexions, lorsque cinq
ou six cavaliers entrèrent dans la cour, amenant
au milieu d'eux un nègre et une jeune négresse. Mon drogman me fit signe de rester où
j'étais, et m'avertit que j'allais être témoin d'un

spectacle nouveau pour moi. La cour, en effet, venait d'être transformée en prétoire, le cheik en président du tribunal, et les curieux en juges. Il s'agissait d'une pauvre petite négresse que le Bédouin voulait épouser malgré elle, et qui venait réclamer justice et protection. La pauvre petite avait douze ans, une figure douce et enfantine, et était réellement jolie pour une négresse. Le cheik la fit placer au milieu des femmes non voilées (les Bédouines ne se voilent pas), le nègre au milieu des hommes, et l'interrogatoire commença. Le spectacle ne manquait pas d'originalité pour un Européen. Le réservoir qui se trouvait là étant le seul qui existât dans le pays, la séance était interrompue de temps en temps par l'arrivée d'un chameau, ou d'un mouton, ou d'un cheval monté par un enfant de trois ans, lesquels venaient sans façon s'y désaltérer, après quoi nous y puisions à notre tour et pour notre compte avec un gobelet de fer-blanc. Naturellement je ne comprenais pas un traître mot de l'interrogatoire : le cheik posait ses questions gravement et lentement, l'accusé répliquait avec une violence de gestes extraordinaire; mais ce que je compris bien, c'est qu'au bout d'un moment le cheik fit un signe à son fils, et Sari, à qui étaient dévolues, paraît-il, les fonctions de grand justicier, s'approcha du nègre et lui mit les fers aux pieds; puis les femmes emmenèrent la jeune négresse, qui pendant tout ce temps n'avait cessé de pleurer, et la discussion continua, vivement toujours, mais sans colère de part ni d'autre, juges et condamné buvant un café éternel et fumant des cigarettes qui semblaient renaître de leurs cendres. Le cheik seul, en sa qualité de gouverneur, aspirait gravement dans le narguilhé de ses ancêtres. Je dois ajouter aussi, quoi qu'il en coûte à mon amour-propre de faire cet aveu, que tous ces Bédouins ne prêtèrent nulle attention à moi, et ne parurent même pas s'apercevoir de la présence d'un Européen parmi eux.

Cependant le soleil allait disparaître; or, le coucher du soleil, c'est la nuit, dans ces pays où le ciel n'a, pour ainsi dire, pas de crépuscule. Je donnai le signal du départ, et nous nous mîmes en route.

La plaine que nous traversions était célèbre autrefois par sa richesse; l'abondance de sa végétation et la variété de ses cultures; les palmiers surtout y croissaient en abondance et avaient valu à Jéricho le surnom de *Ville des palmes*. Aujourd'hui cette vaste plaine est à peu près inculte; quelques figuiers, çà et là, ombragent des ruines, des pans de tours effondrées, des morceaux d'aqueducs, qui indiquent bien de quelle importance était jadis la ville dont Josué renversa les murailles, et qui fut rebâtie plusieurs fois par la suite. Un sceptique qui parcourrait ces ruines y chercherait ironiquement des débris de trompettes; il n'est pas moins vrai qu'elles couvrent encore aujourd'hui un espace considérable, et ne contribuent pas peu à donner à toute la contrée un cachet de désolation sauvage qui est pour le croyant un effet de la malédiction divine.

Mais il est encore dans cette plaine un en-

droit resté charmant et qui semble avoir été
conservé là pour nous donner une idée de ce
qu'était jadis le pays de Jéricho. C'est la fontaine d'Élisée, une fraîche et abondante source
d'eau vive qui égrène sa chanson argentine au
milieu d'un bosquet de jolis arbustes au vert
feuillage. Rien de plus frais et de plus gracieux
que cette oasis en miniature qui récrée les yeux
et l'âme et s'enlève comme un décor féerique
sur le fond gris et désolé du paysage qui l'entoure.

Après avoir suivi la plaine quelques minutes,
nous nous enfonçâmes de nouveau dans les
montagnes, au milieu desquelles se dresse le
mont de la Quarantaine. La nuit était tout à
fait venue, nuit splendide et comme il n'est
donné d'en voir qu'en Orient. Le ciel, d'une
limpidité prodigieuse, était constellé de myriades d'étoiles d'un éclat et d'une grosseur ex-
traordinaires. Une nuit de la Judée est vraiment un spectacle imposant; ni le ciel de Naples,
ni ceux tant vantés d'Athènes et de Constantinople, ne m'ont paru aussi beaux. Le ciel

d'Orient, du reste, en Grèce et en Turquie aussi bien qu'en Syrie, a une transparence telle qu'il rapproche les objets de manière à tromper sur les distances l'œil le plus exercé. Il me souvient que, me trouvant à Athènes où je m'étais arrêté en venant de Constantinople à Beyrouth, je mis deux heures pour arriver au mont Hymette, que je croyais pouvoir atteindre en vingt minutes ; à Jérusalem, du haut de la montagne des Oliviers, la mer Morte paraît étendre sa belle nappe d'eau à une distance de deux à trois lieues tout au plus.

Je jouissais en silence de cette belle nuit et me laissais mollement bercer au pas de mon cheval.

Jamais heure ne fut plus propice à la méditation. La solennité du lieu, l'aspect sévère de ce ravin au fond duquel pénétrait seule la vacillante lueur des étoiles, éveillaient en mon âme tout un monde de pensers graves et attendris. Cette route que je suivais dans un recueillement presque religieux, c'était celle qu'avait parcourue tant de fois Jésus quand il quittait les

bords du Jourdain pour monter à Jérusalem;
chacun de ses pas dans cet étroit chemin avait
été marqué par un miracle ou sanctifié par une
parabole. Ici un malheureux aveugle, appre-
nant que le divin Maître passait près de lui avec
ses disciples, s'était approché à tâtons et l'avait
tiré par le coin de sa robe; et Jésus, se retournant et admirant la foi de cet homme, d'une
seule imposition de ses mains divines lui avait
ouvert les yeux; là, le bon Samaritain avait se-
couru un voyageur blessé qu'avaient dédaigné
un lévite et un prêtre. Sur ma tête enfin se dressait le mont de la Quarantaine, où Jésus avait
jeûné pendant quarante jours et quarante nuits,
et du haut duquel Satan lui avait montré, pour
le tenter, tous les royaumes de la terre.

La fatigue cependant commençait à se faire
sentir; je luttais difficilement contre un sommeil qu'il n'eût pas été prudent à moi de laisser
maître du terrain, car nous avions encore cinq
grandes lieues à faire avant d'arriver à Jérusalem. Mes deux Arabes virent ma lassitude, et,
pour me tirer de cette maudite somnolence, ne

trouvèrent rien de mieux que d’entonner un de leurs chants favoris, sorte de mélopée lente et mélancolique, coupée à intervalles égaux de cris stridents et de plaintes gutturales. Cette mélodie, si mélodie il y a, ne manquait pas d’un certain charme, au fond de ces gorges silencieuses et sombres et sous cette voûte magnifiquement constellée.

Enfin nous sommes à Béthanie. Là, Sari, dont la protection nous est désormais inutile, nous dit adieu et va rejoindre sa tribu. Nous passons à côté du caveau dans lequel Jésus descendit pour ressusciter Lazare. Après avoir contourné la montagne des Oliviers, longé Gethsémani, nos chevaux, oubliant leurs quinze heures de marche, franchissent d’un bond la vallée de Josaphat, escaladent en courant le rocher presque à pic sur lequel se penche la Ville sainte, et font le tour des murailles au galop.

En entrant dans Jérusalem, notre attention est attirée par des sanglots et des lamentations bruyantes qui paraissent venir du côté de la mosquée d’Omar. Nous nous rappelons alors

que c'est vendredi, jour consacré par les juifs à
pleurer leur grandeur passée, et à demander au
Ciel la venue de celui qui doit les tirer de leur
abjection. Malgré l'heure avancée de la nuit,
ils étaient là encore une vingtaine, hommes,
femmes et adolescents, qui, le front appuyé
contre le mur de la mosquée qui leur cache
l'emplacement et les restes du Temple de Salomon, sanglotaient et priaient. Rien de plus
triste, rien de plus lamentable que le spectacle
de ce malheureux peuple qui, tous les vendredis, et cela depuis dix-huit siècles, se réunit au
même endroit pour gémir et pleurer !

A côté d'eux se dresse le Calvaire.

Enfin, à minuit, nous sonnons à la porte de
la *Casa Nuova,* je regagne ma cellule et je ne
tarde pas à m'endormir, sinon du sommeil du
juste, du moins du sommeil d'un homme qui
vient de faire cent kilomètres à cheval.

RETOUR A JÉRUSALEM

’EST une singulière impression que
l’on éprouve à se voir transporté
tout à coup sur un sol qui a gardé
de sa prédestination divine quelque chose de
mystérieux, à se sentir vivre dans cette atmosphère de poésie et de légendes qui vous enveloppe tout entier, vous dérobant le monde réel
et vous donnant la sensation d’une existence
imaginaire dans laquelle vous marchez tout
éveillé. Jérusalem! Quel nom dans l’humanité
parlera jamais aussi haut à l’âme du croyant,
du poète, de l’artiste! Quel monde étrange de

visions confuses, tour à tour douces et terribles, éclatantes et sombres, n'ouvre-t-il pas, ce nom sublime, à l'imagination qui chancelle, prise de vertige, devant ce spectacle surnaturel ! Ah ! je plains du fond du cœur les matérialistes, ou prétendus tels, les sceptiques, ou ceux qui croient l'être, auxquels toutes ces jouissances sont refusées. Pauvres gens ! se douteront-ils jamais combien est grande la privation qu'ils s'imposent en cadenassant leur pensée de peur qu'elle ne s'échappe et ne prenne son vol vers les régions idéales ! Mais il en est d'autres que je plains d'une égale pitié : ce sont les croyants, les chrétiens sincères qui, égarés dans les rues de la Ville sainte ou dans ses églises, en sont réduits, au lieu d'admirer et de prier, à gémir douloureusement sur la profanation sacrilège que les nouveaux marchands du temple ont faite des souvenirs les plus sacrés.

Non, Jérusalem ne convient ni aux uns ni aux autres. N'y venez pas, sceptiques et railleurs de profession, car ce pays-là, voyez-vous, ne parle qu'à celui qui sent, qu'à celui qui s'enthousiasme, qu'à celui qui sait le comprendre; n'y venez pas, parce que les rues sont étroites et sales et que les sentiers ont des ronces, parce que la campagne est aride et désolée et que le soleil y brûle plus qu'ailleurs, parce qu'on y vit mal et qu'on y dort plus mal encore : n'y venez pas. Et vous, n'y venez pas non plus, hommes de foi, croyants sincères pour qui la divinité de Jésus n'est pas un mythe, chrétiens fervents qui humblement ployez vos genoux et courbez vos fronts pieux devant le symbole de la Rédemption; ne venez pas à Jérusalem, si vous tenez à conserver éternellement intacte au fond de vos âmes la pureté de ce nom que vos lèvres prononcent avec respect et avec amour, ne venez pas à Jérusalem où le culte sacré de toute votre vie est devenu une parade et le tombeau de votre Dieu un tréteau!

Mais l'artiste! mais le poète! où trouvera-t-il des horizons plus vastes, un ciel plus radieux et plus pur où se puisse déployer éperdument le vol capricieux de son imagination? Combien petit sera l'effort qu'il lui faudra faire pour se figurer vivre au temps mystérieux où le *Fils de l'homme* parcourait ces mêmes rues, suivait ces mêmes sentiers, en semant le bon grain de la parole divine, en guérissant les infirmes, en consolant les misérables et en bénissant les petits enfants? Seul, au matin, je sors du couvent de la *Casa Nuova,* je m'enfonce dans les ruelles étroites de Jérusalem, et du coup me voilà transporté de deux siècles en arrière. C'est une existence nouvelle que je commence, et qui m'est déjà familière. Cette foule, dans laquelle je m'ouvre un passage, je l'ai déjà vue quelque part, fêtant et acclamant Jésus et jetant à pleines mains les rameaux sous ses pas; bientôt je la verrai hurlante et déchaînée, meurtrir les épaules saignantes du roi des Juifs, lui enfoncer une couronne d'épines sur le front, lui cracher au visage et réclamer son supplice avec des cris féroces. Ces Juifs déguenillés qui s'écartent de moi, je les connais : lesquels d'entre eux seront les bourreaux de Jésus, et lesquels lui aideront à porter sa croix? J'interroge en vain leurs visages. Et ce paralytique, affaissé au coin d'une borne et tournant vers moi son regard plein de larmes, ne s'est-il donc pas encore trouvé sur le passage du Rédempteur? Mais voici, traversant une rue étroite, une arcade vermoulue que surmonte une fenêtre : c'est là que Pilate viendra bientôt présenter aux Juifs le martyr qu'ils réclament et qu'il s'écriera : *Ecce homo!* A deux pas plus loin, je vois une maison basse et carrée : c'est là que Pierre reniera par trois fois son divin maître. Enfin il n'est pas jusqu'à la mosquée d'Omar, cette merveille incomparable qui occupe l'emplacement où s'élevait jadis le temple de Salomon, que je ne puisse prendre pour le temple lui-même.

Et à chaque instant c'est un nouveau souvenir qui se présente, une nouvelle manifestation de la vie de l'Homme-Dieu, dans ces rues qui au bout de deux mille ans retentissent encore de son nom, sur ce sol qui a gardé la trace, ineffaçable à jamais, du moindre de ses pas. Et tous les jours je suis lentement, l'angoisse au cœur, dans cette Jérusalem qui a été saccagée et rebâtie tant de fois, cette *via dolo-*

rosa où chaque station du Christ est marquée par une colonne, une pierre, une inscription. C'est ainsi que, par une volonté mystérieuse, le même spectacle qui éveille la douloureuse pitié du croyant, indigné de ces inventions grossières, exalte l'imagination du poète qui s'émeut; c'est ainsi que, par une antithèse curieuse, à Jérusalem c'est la foi qui devient clairvoyante et l'imagination qui se fait aveugle.

Les journées cependant succédaient aux journées, et je n'éprouvais aucune lassitude à recommencer vingt fois les mêmes visites aux lieux saints, les mêmes promenades dans la campagne morne de Jérusalem. Le matin, à l'heure où l'église du Saint-Sépulcre était à peu près abordable, j'allais rêver et m'agenouiller, moi à demi incrédule, sur le TOMBEAU, tout resplendissant de l'éclat des mille lampes d'or et d'argent qui y brûlent jour et nuit; puis, montant un escalier de vingt marches creusé dans le roc à deux pas de là, je me trouvais sur le Calvaire, au centre duquel une excavation recouverte d'une plaque de vermeil indique l'endroit même où fut plantée la croix. Dans la soirée, dès que la chaleur étouffante des après-midi était un peu passée, je prenais un cheval et galopais jusqu'à Bethléem, en m'arrêtant à mi-chemin devant le tombeau de Rachel ; ou bien, sortant de Jérusalem par la porte de David, je descendais, par un sentier abrupt, à travers la vallée de Josaphat, ce fossé pavé de tombes ; puis, traversant le lit toujours à sec du Cédron, j'allais méditer dans la grotte de Gethsémani ou sous les ombrages du jardin des Oliviers.

Dans les excursions que je fis aux alentours de Jérusalem durant le séjour d'un mois que je fis dans cette dernière ville, il en est une, fort courte, dont j'ai gardé un souvenir durable, bien qu'elle ait eu des suites qui m'auraient pu être funestes : je veux parler de la visite que je fis au couvent, non encore achevé, qui couronne la montagne des Oliviers. C'est une vaillante Française, la princesse de la Tour-d'Auvergne, qui le fait construire de ses propres deniers, et son intention était d'abord d'en faire cadeau à la France, mais le gouvernement de la République, pour des motifs tout politiques, n'a pas cru devoir accepter cette donation. Chaque hiver, depuis nombre d'années, la princesse vient habiter, dans l'enceinte des constructions, un modeste chalet, véritable demeure de cénobite, qui contraste singulièrement avec son élégant pavillon de l'avenue Wagram. Le jour où je montai au couvent, elle voulut bien m'en faire les honneurs avec cette bonne grâce et cette affabilité qui trahissent la véritable grande dame sous le vêtement tout monastique qu'elle porte habituellement quand elle réside à Jérusalem.

Le monastère, qui est à peu près terminé aujourd'hui et qui couronne admirablement le sommet de la montagne des Oliviers, est destiné à des religieuses carmélites que la princesse se propose de faire venir de France. C'est un vaste monument quadrangulaire, admirablement situé, puisqu'il domine d'un côté Jérusalem et les vallons qui descendent jusqu'à la plaine de Jaffa et que du côté opposé la vue s'étend jusqu'à la nappe bleue de la mer Morte. Ce qu'il a fallu d'efforts et de patience pour amener au sommet de la montagne les matériaux destinés à l'édifice est inimaginable. Les chemins praticables font complètement défaut, et c'est, pour ainsi dire, à dos d'homme et pièce par pièce que le couvent du *Pater,* — je dirai tout à l'heure la raison de cette dénomination, — a été transporté sur l'emplacement qu'il occupe aujourd'hui. Mais la princesse de la Tour d'Auvergne, qui est Italienne d'origine, est Française par le cœur et la résolution, et, en dehors de ces tracas tout matériels, elle a eu à combattre et à vaincre bien d'autres difficultés, tant de la part de Rome que de la part de la France.

L'Évangile nous apprend que Jésus, dans une de ces promenades qu'il aimait à faire autour de Jérusalem avec ses disciples, s'arrêta un jour sur la montagne des Oliviers, et là leur enseigna l'Oraison dominicale. Aussi la princesse a-t-elle baptisé son couvent du nom de cette prière, et, sur les murs du cloître dont la cour intérieure est entourée, le *Pater* est gravé en lettres d'or dans trente-deux langues différentes. Ce n'est pas là une des moindres curiosités de ce couvent, et la fondatrice a été inspirée en cette occasion par un sentiment bien juste et bien louable. Le *Pater*, en effet, cette prière sublime et simple tout à la fois, cette prière vraiment divine, également belle dans toutes les langues, est la prière universelle par excellence. Dans une chapelle souterraine du couvent, la princesse me fit voir la place où, suivant la tradition, Jésus enseigna à ses disciples cette prière admirable que tant de chrétiens répètent et que si peu comprennent.

Il est, dans ce monument, un monument que je n'aurai garde d'oublier : c'est un cénotaphe en marbre blanc sur lequel est couchée la statue, très ressemblante, de la fondatrice qui veut, la mort venue, dormir le sommeil éternel dans la cité sainte.

Le jour où je fis cette visite au couvent du *Pater*, il faisait une chaleur torride qui me rappelait celle dont nous avions tant souffert à Tibériade. La princesse de la Tour d'Auvergne m'avait accompagné sur la terrasse du couvent, d'où l'œil émerveillé plonge dans Jérusalem. La Ville sainte et la campagne qui l'entoure sont belles à voir au matin, avant le soleil levé, alors qu'une teinte violette s'étend comme un voile de deuil sur toute cette nature désolée. Mais à ce moment-là, sous le flamboiement du soleil de midi, Jérusalem, avec son immense terrasse du Moriah suspendue sur l'abîme, Jérusalem avec ses murs crénelés, ses coupoles, ses flèches, ses minarets ; Jérusalem étincelait, radieuse comme une jeune reine, et faisait miroiter dans un rayonnement continu ses innombrables facettes. Le spectacle était sublime, et j'étais près de m'écrier, comme le grand prêtre Joad :

> Quelle Jérusalem nouvelle
> Sort du fond du désert brillante de clartés
> Et porte sur le front une marque immortelle !

Nous nous arrêtâmes ainsi, la princesse et moi, une demi-heure à admirer et à causer sous un soleil de plomb dont je ne me méfiais malheureusement pas. En redescendant à Jérusalem je ressentis un violent mal de tête auquel je ne prêtai pas d'abord une grande attention; mais vers le soir je compris que ce serait peut-être sérieux : je rentrai de bonne heure au couvent, je me mis au lit sans manger, et, après un sommeil pénible et entrecoupé de cauchemars, je me réveillai au milieu de la nuit avec une fièvre terrible.

Les médecins sont rares à Jérusalem, les habitants, gens économes, ayant pris l'habitude de mourir sans le secours de ces messieurs. Cependant, comme le cas était grave et que les soins du frère Jean, dont le dévouement fut d'ailleurs admirable, menaçaient d'être insuffisants, on se mit en campagne et l'on finit par en découvrir un, Italien et établi depuis peu dans la ville. La première fois qu'il s'approcha de mon lit, voyant qu'il se tournait, après m'avoir examiné, vers les personnes présentes, avec une certaine grimace des lèvres qui n'avait rien de rassurant pour moi, je l'interrogeai anxieusement :

« Eh bien, docteur, qu'est-ce que vous en

dites? Il me semble que je suis tout à fait bien maintenant. — Oui, oui, ce ne sera rien. — Puis-je manger du raisin? — Mangez du raisin. — J'ai une soif atroce : puis-je boire de l'eau fraîche? — Buvez de l'eau fraîche. »

Je ne sais pourquoi ce trop complaisant médecin me fit songer au directeur de la Roquette offrant à ses condamnés à mort du vin, du cognac et des friandises.

« Alors, vous croyez que ce ne sera pas long? repris-je en appuyant sur chacune de mes paroles et en le regardant fixement. — Oh! non, ce ne sera pas long », répondit-il négligemment. Un accès de fièvre plus violent que les autres m'ayant pris en ce moment, la conversation en resta là; et, quand je revins à moi, je me retrouvai seul dans mon étroite cellule, le corps tout baigné de sueur, et le regard fixé sur un crucifix en bois noir que le frère Jean était venu accrocher discrètement au chevet de mon lit.

Pensez-vous qu'il soit agréable de se réveiller ainsi un beau matin, seul, malade à la mort, dans le fond d'un couvent, et à douze cents lieues de son pays, avec la certitude de ne le jamais revoir? Aux souffrances physiques qui me torturaient s'ajoutait pour moi cette douleur morale de penser que nul en ce monde ne s'inquiétait de moi, et que ma mort, inconnue de tous, ne ferait pas couler une larme. Pendant huit jours j'eus presque continuellement le délire; je ne pouvais fermer les yeux sans que mon cerveau fût assailli de cauchemars terribles au milieu desquels je me débattais désespérément. Quand j'étais plus calme, mon désespoir n'était guère moins grand, et ma situation, même sans les tourments de la maladie, me paraissait si intolérable que j'appelais de tous mes vœux le moment où je serais porté dans cette vallée de Josaphat qui était là, dans le voisinage, et que je voyais dans tous mes songes.

Ah! c'est en ce moment surtout que je regrettais d'avoir perdu ce bien inestimable qu'on appelle la foi, cette espérance d'une vie plus heureuse, cette certitude suprême qui fait que le croyant voit approcher la mort avec joie. Certes la mort ne me faisait pas peur; loin de la fuir, je la désirais, je l'appelais; mais cette pensée que j'allais affronter un monde inconnu jetait mon âme dans une terrible perplexité.

C'est alors que mes années de collège, ces années durant lesquelles, dégoûté par avance d'un monde que je ne connaissais pas, je vivais avec le seul espoir de jouir un jour d'une autre vie dont j'étais sûr, défilaient devant mes yeux avec une précision cruelle, et les inquiétudes qui venaient m'assaillir à cette idée que j'avais eu la foi et que je l'avais perdue, peut-être par ma faute, m'épouvantaient.

« Je ne crois plus, me disais-je, et pourquoi? J'ai rejeté comme un accoutrement ridicule toutes ces idées de Ciel et d'Enfer, dont les unes m'avaient paru si terribles il est vrai, mais dont les autres m'avaient paru si douces : de quel droit? Ont-elles donc cessé d'être justes? ou bien mon esprit, en les répudiant, a-t-il été subitement frappé d'erreur? Après avoir soumis à cette foi, que j'implore en vain aujourd'hui, toutes les aspirations de mon âme, tous les ressorts de mon intelligence, tout l'énergique effort de ma volonté, ma raison s'est réveillée un beau jour, ou plutôt elle s'est insurgée et m'a reproché le peu de cas que je paraissais faire d'elle-même : la maudite m'a crié arrogamment que je me forgeais à plaisir des visions grossières et que je devais être honteux de me repaître d'hypothèses ridicules. Mais qu'est-ce donc que ma raison pour être venue parler en maîtresse, pour m'avoir fait rejeter avec mépris des idées que mon âme avait adoptées avec enthousiasme, idées dont je m'étais nourri avec bonheur, et qui m'auraient au moins assuré un repos, une tranquillité que je cherche vainement aujourd'hui ? Qu'est-ce que la raison, cette chose abstraite, insaisissable, capricieuse, que le choc d'un atome peut déranger, à côté de la conscience, à côté de cette intuition mystérieuse qui vous ouvre les yeux de l'âme sur votre nature véritable et vous enseigne ce que vous devez croire ? »

Hélas ! j'avais beau me faire à moi-même tous ces raisonnements, ils n'avaient d'autre effet que d'attiser, par la perturbation morale qu'ils m'apportaient, la fièvre qui me brûlait et me tordait les membres ; mais ils ne me rendaient pas cette chose divine qu'une fois perdue l'homme retrouve si rarement, la foi. Je croyais en un Dieu, je croyais à une vie nouvelle pour mon âme ; mais quelle était cette vie ? et quel était ce Dieu ? A coup sûr, ce n'était pas le Dieu capricieux et méchant que les prêtres ont créé à leur image.

Cependant, au bout de huit jours, grâce aux bons soins du frère Jean et de mon Esculape italien, la fièvre diminua un peu d'intensité, et je pus ingurgiter le premier bouillon du convalescent. Bientôt le délire cessa tout à fait, les cauchemars me laissèrent un peu de répit, et, devant ce résultat inespéré, mon médecin n'hésita pas à me prescrire une ordonnance énergique qui semblait jurer quelque peu avec l'état de faiblesse dans lequel je me trouvais.

« Il faut que vous quittiez Jérusalem sur-le-champ et que vous changiez d'air au plus vite, me dit-il : demain matin, à cinq heures, je vous ferai amener un cheval et un guide, et vous partirez pour Jaffa. C'est onze ou douze heures

que vous passerez à cheval, mais il le faut;
faites-vous lier à la selle, accrochez-vous à la
crinière de votre bête, si vous vous sentez
tomber, mais partez au plus tôt. »

La perspective de faire une étape de onze
heures ne me souriait qu'à moitié, et je me demandais où je pourrais trouver la force de suivre
une pareille ordonnance. Néanmoins la fermeté
avec laquelle le médecin me parla, et l'assurance
qu'il me donna que la fièvre ne monterait pas en
croupe derrière moi, suffirent à me réconforter;
le lendemain, avant le lever du soleil, après une
période de dix jours passés dans un lit sans
autre nourriture que deux ou trois bouillons,
je me fis hisser sur un cheval, et, me crampon-
nant à la selle, je commençai cette étape cruelle
qui ne devait prendre fin que le soir, à Jaffa.

Qu'il me soit permis, avant de quitter Jérusalem, de rendre un hommage public et bien mé-
rité aux Pères du couvent de la *Casa Nuova*, et
particulièrement à l'excellent frère Jean, que tous
les pèlerins de la Terre-Sainte connaissent et dont

tous ont pu apprécier le grand cœur et l'inaltérable bienveillance. Ce que j'ai dit des couvents de la Judée dans une autre partie de mon récit ne s'applique ni au couvent de Jérusalem, ni à celui de Bethléem, dont tous les Pères m'ont paru bons, actifs et remplis de prévenances pour les pèlerins.

JAFFA ET PORT-SAÏD

JAFFA, où je séjournai une semaine environ, en proie à une fièvre intermittente qui ne m'abandonnait un jour que pour me reprendre de plus belle le lendemain, je fis connaissance, au couvent des Pères de la Terre-Sainte, d'un singulier individu, espèce de fakir ou de derviche apostolique et romain. C'était un jeune Maltais de vingt à vingt-cinq ans, dont les yeux noirs et profonds brillaient d'un feu que les anges et Satan pouvaient revendiquer tour à tour. Quand je le vis pour la première fois, il était, non pas agenouillé, mais étendu la face contre terre dans la petite chapelle des franciscains; la messe venait de finir, l'harmonium venait de terminer joyeusement différents motifs d'Offenbach qui remplacent là-bas les grandes mélodies religieuses de nos cathédrales, les fidèles sortaient lentement : lui seul resta, dans l'attitude citée plus haut, le corps agité de temps en temps par des soubresauts que j'attribuai aux sanglots qui emplissaient sa poitrine. Ce singulier personnage auquel personne autre que moi ne semblait porter d'attention m'intrigua, et, m'étant assis dans un coin, je restai seul à l'observer. Au bout d'un moment il se releva, et resta quelques minutes debout devant l'autel, les bras croisés sur sa poitrine et le regard fixé sur le Christ. Puis, après une profonde et lente génuflexion, il alla embrasser l'autel, toucha les cierges, le missel, le sanctuaire, du bout de sa main droite qu'il portait ensuite à chaque fois à ses lèvres, et sortit, la figure sombre plutôt que recueillie, la tête droite, et le regard pour ainsi dire rentré en lui-même.

C'était un beau garçon, svelte et bien tourné,
et qui, avec ses traits réguliers, son teint mat
qu'encadrait une opulente barbe noire, ses
longs cheveux et ses yeux tout brillants d'un
feu sombre, semblait être né pour jouer les bandits d'opéra-comique ou les traîtres de mélo-
drame. Sur la terrasse du couvent, où il s'en
vint après la messe, je liai connaissance avec
lui, et j'appris que j'avais affaire au signor Stefanopoli, natif de La Valette, dans l'île de Malte,
jeune homme de bonne famille, pas très riche,
mais se contentant de peu. Sa figure fine et énergique m'avait trompé tout d'abord, comme je
le reconnus par la suite. A la vérité, c'était un
garçon décidé, ou plutôt violent et dissimulé
comme tous ses compatriotes, mais d'une intelligence bornée et soumise tout entière aux in-
fluences extérieures qui agissaient sur lui. Joi-
gnez à cela le tempérament ardent qu'il puisait
dans son sang de Maltais, et qui devait faire
de cet étrange individu tantôt un saint têtu et
résigné jusqu'au martyre, tantôt une brute n'é-
coutant que ses appétits et ne reconnaissant

plus d'autre maître que ses instincts grossiers
et sanguinaires.

Je passai à plusieurs reprises des heures entières avec lui, et, bien que sa conversation ne
m'offrît rien de particulièrement intéressant, je
n'en éprouvai pas moins un réel plaisir à l'écouter : car elle me fournissait l'occasion d'étudier
une nature de fanatique comme il s'en trouve
beaucoup dans ces pays où tout, vices et vertus,
est poussé à l'extrême. Sa conversation roulait
habituellement sur la sainte Vierge, qu'il appelait
tout haut parfois, comme s'il l'eût distinctement aperçue, des noms les plus tendres et les plus
passionnés. Jamais il ne sortait, durant le jour,
sans un long chapelet qu'il égrenait pieusement
et récitait tout bas; s'il passait devant une croix,
il se prosternait et faisait une courte prière
avant de poursuivre son chemin; s'il rencontrait sur sa route une madone dans quelque
niche ou une image de saint, il ne manquait
pas de se découvrir et de baiser humblement
l'image.

Mais, dès que la nuit était venue, c'était une

autre chanson. Le signor Stefanopoli s'imagi-
nait-il sincèrement que les puissances du ciel
ne pouvaient l'apercevoir au milieu des ténèbres, et qu'il recouvrait ainsi toute liberté d'agir
à sa guise sans crainte et sans remords, ou bien
la fraîcheur de la nuit ne faisait-elle qu'exciter,
au lieu de les calmer, les ardeurs du sang qui
bouillonnait dans ses veines? je ne sais; mais,
aussitôt que le jour avait disparu, notre Maltais, comme si cette heure-là eût sonné pour lui
la fin d'un Ramadan catholique, rengainait son
chapelet, et alors, son long couteau tout ouvert
dans sa manche, la tête haute, le regard allumé
d'un feu qui n'avait plus rien d'angélique, il se
lançait à la découverte dans les quartiers hauts
et les ruelles douteuses de Jaffa. Le saint, le
fakir, le derviche avait disparu, ou plutôt notre
saint laissait dans sa cellule du couvent son âme
en même temps que ses amulettes, et son corps,
livré à lui-même, s'enfonçait dans des sentiers
qui s'écartaient sensiblement du chemin qui
conduit au ciel.

Tel était ce singulier personnage. Le jour où

je lui fis mes adieux, il m'apprit que sous peu il aurait l'ineffable bonheur de revêtir le costume sombre des franciscains de la Terre-Sainte. Et, pendant qu'il m'annonçait cette nouvelle, je voyais briller dans ses yeux une telle joie qu'il ne m'était pas possible d'attribuer sa résolution à l'hypocrisie ou à la fainéantise. Je ne sais ce qu'il est devenu, mais, si cela n'est pas encore fait, il mourra un jour de la main des sauvages qu'il aura été évangéliser, à moins que ce ne soit d'un coup de poignard dans quelque mauvais lieu.

Les huit jours que je passai à Jaffa sont restés dans ma mémoire comme des jours tranquilles et presque heureux. Je sortais peu, car, outre que la fièvre intermittente rapportée de Jérusalem m'interdisait la fatigue et les longues promenades, les environs de Jaffa n'ont rien qui invite le touriste à faire de grandes excursions. Dès que l'on a franchi la merveilleuse ceinture de palmiers et d'orangers qui enserre la ville, on ne rencontre plus que des plaines monotones et tristes qui se transforment peu à peu, en se

rapprochant des bords de la mer, en véritables
déserts de sable. Mais le couvent des franciscains, dont l'entrée principale s'ouvre sur la rue
qui traverse la ville basse, grimpe, au moyen
de terrasses étagées, presque jusqu'en haut de
Jaffa, et, de ces terrasses successives qui commu-
niquent de l'une à l'autre par des escaliers de
quelques marches, on jouit d'une vue magnifique et de plus en plus étendue naturellement à
mesure que l'on s'élève. Mes journées se passaient donc, pour la plus grande partie, sur ces
belvédères qui sont incessamment balayés, le
matin surtout, par une brise de mer fraîche et
fortifiante. Je restais de longues heures à contempler d'un œil mélancolique les voiles blanches qui couraient au large et les paquebots qui
venaient relâcher dans la rade. Puis, au-dessous
des terrasses du couvent, la vue des robustes
Arabes transportant fardeaux et voyageurs à
travers les rochers qui hérissent le port et le
rendent inabordable, l'animation qui régnait
dans toute la ville basse, où les marchands, les
matelots, les moines, les enfants, se heurtaient

et se faufilaient entre les files de mulets ou de chameaux lourdement chargés, toute cette image du travail et de l'activité humaine formait un spectacle du plus haut intérêt pour moi qui, un livre à la main, n'avais d'autre occupation que celle de me promener et de regarder.

Tout en haut de la dernière terrasse s'élevait la chapelle, dont la porte, toujours grande ouverte, laissait voir au fond l'autel à moitié enfoui sous des touffes de palmiers et les porte-cierge en cuivre soigneusement frottés chaque matin. Le dirai-je? cette église en miniature, qui dans la journée restait souvent déserte, était devenue pour moi un salon de repos, et chaque jour j'y passais de longues heures, assis dans un coin, ou agenouillé et la tête dans les mains.

Certes, celui qui m'eût aperçu ainsi dans l'attitude du recueillement le plus fervent et le plus exemplaire aurait eu de la peine à s'imaginer n'avoir sous les yeux qu'un de ces peu estimables libres-penseurs, qui sont censés ne croire absolument à rien. Et de fait, cette dénomination de libre-penseur, si on la prend dans l'acception que l'on est convenu de lui donner aujourd'hui, s'appliquait mal à la situation morale que m'avaient faite mes dispositions naturelles aidées de mes pérégrinations en Terre-Sainte. Que se passait-il au fond de mon âme, pendant ces longues heures de méditations dans la petite église de Jaffa? Il me serait assez difficile de le dire, autant qu'il me l'eût été d'assigner une direction un peu nette aux préoccupations religieuses dont j'étais alors assailli. Évidemment, dans ces moments-là, je faisais œuvre de croyant et je priais, sinon en paroles et à voix basse, du moins mentalement, et mû en quelque sorte par le plaisir que j'éprouvais à détacher ma pensée des choses matérielles et à l'élever au-dessus des préoccupations terrestres. Je pensais à Dieu et je le priais, j'ai toujours cru et j'espère que je croirai toujours en lui, mais je pensais aussi à Jésus l'Homme-Dieu, à ce Christianisme qui fait de la religion une chose palpable et qui matérialise, pour ainsi dire, par les manifestations extérieures de son culte, ces idées de Dieu et d'immortalité qui, bien que mystérieuses, apparaissent si clairement aux yeux de l'âme. Croyais-je vraiment à Jésus-Christ et à sa nature divine ? Non, probablement, mais j'aimais à me figurer que j'y croyais; je n'avais plus la foi, mais j'avais la nostalgie de la foi. Les croyances de ma jeunesse rentraient dans mon âme et m'y souriaient, comme ces songes agréables qui nous enchaînent si bien dans leurs capricieux méandres qu'ils survivent encore quelques instants au réveil. J'éprouvais un bonheur indicible à me plonger dans ces idées rafraîchissantes qui n'étaient plus en moi, hélas ! mais dont j'évoquais le fantôme, et que mon imagination d'accord avec mon âme faisait revivre, au détriment de ma raison.

Malheureusement ils étaient bien courts, ces moments de calme et de jouissance immatérielle. L'arrivée d'un moine ou le grincement d'une porte me faisaient lever la tête, et le fantôme s'évanouissait; je revenais à la réalité, et je trouvais la chute d'autant plus pénible que je tombais de plus haut. La sensation des choses extérieures me resaisissait tout entier, et je me prenais à rire avec amertume de mon mysticisme de somnambule.

Cependant, à force de parcourir les rues tortueuses des villes arabes et les vallons sauvages de la Palestine, ma petite fortune avait fini par s'en ressentir; et, si mon bagage de curieux et d'artiste s'était considérablement accru durant ces quelques mois, il n'en était pas de même de la bourse de cuir dans laquelle dormaient d'un sommeil trop souvent interrompu mes livres turques et mes lires italiennes. Parfois, dans ces derniers temps, renfermé dans ma petite cellule de Jaffa, j'avais posé devant moi mon escarcelle, si rebondie jadis, si bruyante et de si bonne mine, et, devant cette anémie précoce dont je ne devinais que trop la prochaine et fatale issue, je n'avais pu me défendre des plus amères préoccupations. Ah! vraiment, pensais-je, j'étais un fier homme de m'oublier à méditer pendant des mois dans les églises de la Syrie et de songer à l'avenir de mon âme immortelle!

Et l'âme de ma bourse donc ! C'est à l'immortalité de cette dernière que j'aurais voulu croire, et malheureusement je n'avais pas besoin de la contempler bien longtemps pour devenir, à son endroit, un libre-penseur parfaitement raisonnable et un croyant sincère tout à la fois.

Comme un avare qui étale ses pièces d'or devant lui, mais avec des préoccupations tout autres, je me mis à faire le compte du peu qui me restait, et je me convainquis que, lorsque j'aurais dépensé cinq cents francs encore, il ne me resterait plus qu'à travailler, ou à me tuer, ou à me faire moine. Voilà les trois visages sous lesquels m'apparaissait en ce moment-là ce que les dramaturges appellent le sombre avenir.

Travailler ! oui certes, je me sentais le courage de prendre ce premier parti ; j'étais né, Dieu merci, assez actif et assez entreprenant pour mettre la main à la pâte, suivant l'expression vulgaire mais juste. Travailler ! mais comment ? mais où ? Je ne voyais pas bien distinctement quel genre de travail convenait plus particulièrement à mes aptitudes physiques et intellectuelles. Durant mes dernières années de collège, j'avais cru reconnaître et mes professeurs, eux aussi, avaient cru démêler en moi quelques facultés littéraires dont je pourrais tirer parti plus tard, affirmaient-ils. J'avais manifesté un penchant tout spécial pour la confection des récits pas trop étendus, qui ne demandent qu'une application peu prolongée ; je tournais aussi passablement le vers, et le sonnet surtout avait toutes mes préférences, non pas tant parce qu'il vaut à lui seul un long poème que parce qu'il se contente de quatorze rimes. Mais on n'a plus à vingt-cinq ans les illusions que l'on s'est créées au collège. A seize ans, on rêve modestement d'aller pousser le coude au divin Homère ou au tendre Virgile; dix ans plus tard, on se demande si Apollon pourra se faire ouvrir un compte chez le boulanger du coin et dans la gargote d'en face. Bref, cette perspective de me couvrir de gloire mais de mourir de faim n'avait qu'un côté d'attrayant, et le revers de la médaille me donna à réfléchir.

Me tuer ! A ce mot, le fantôme de tant de

malheureux qui en sont venus là se dressait
devant moi, non pour m'encourager, mais pour
me maudire et se maudire eux-mêmes. Oui,
beaucoup se sont tués, et le souvenir d'un ami
bien cher qui avait cherché dans la mort le
repos final venait fournir un puissant aliment
à mes sombres réflexions. Il s'était tué! mais à
la suite de quels chagrins, à la suite de quels
désespoirs! Il s'était tué! mais après un long et
cruel enchevêtrement d'efforts pénibles et inutiles, après une série de douleurs entre lesquelles
son âme prise comme dans un étau avait dé-
failli! Il s'était tué! mais de quel droit en ferais-
je autant? Le suicide, il l'avait gagné, lui! moi,
je n'avais encore ni lutté ni souffert. Lui se
tuant, c'était le travailleur qui, le soir venu,
épuisé, tombant de fatigue, s'aperçoit avec épouvante que ses bras n'ont pas suffi à gagner le
pain de la journée; moi me donnant le coup
fatal, c'était l'enfant paresseux et sans énergie
refusant de se rendre au labeur et jetant loin de
lui les instruments de travail.

Et puis, faut-il le dire? l'inconnu, ce terrible

inconnu qui suit immédiatement le bruit du pistolet qui fait sauter une cervelle, m'épouvantait. La mort, avec sa souffrance d'un instant, si souffrance il y a, ne me faisait pas peur; ce qui était caché derrière elle pour moi était terrible, d'autant plus terrible que la foi, la foi seule, peut rassurer l'homme contre cette terreur, et que les hypothèses plus ou moins raisonnables des philosophes sont impuissantes à dissimuler ou à embellir ce gouffre que nous apercevons au bout de la vie. Mais l'homme qui a la foi ne se tue pas.

Il me restait la ressource de me faire moine et de forcer ma raison à s'humilier devant mes croyances passées. Mais l'idée de remplacer le travail par une récitation ininterrompue d'*oremus* et la perspective d'héberger à mon tour, et en maugréant, des pèlerins qui trahiraient plus tard, comme je viens de le faire moi-même, les secrets de l'hospitalité, ne me souriaient que médiocrement. Quels que fussent mon dégoût de la vie et le peu de cas que j'en étais arrivé à faire de ma propre personne, je me sentais encore assez de courage et de souci de ma dignité pour faire un autre métier. Je me promis donc de travailler et de gagner ma vie; mais auparavant il me fallait rentrer en France, car trouver du travail en Orient, c'était à quoi il ne fallait pas songer.

Comme je l'ai dit plus haut, il me restait une somme ronde de cinq cents francs. Avec cette petite fortune, je pouvais attendre tranquillement à Jaffa le passage d'un paquebot et faire route directement pour la France. Mais l'Égypte, dont je devinais au loin dans la brume le rivage sablonneux? Mais le Nil, et Alexandrie, et le Caire surtout, cette ville que l'on m'avait représentée comme la merveille des merveilles, et que j'aurais été désespéré de ne pas voir? Si je laissais échapper cette occasion, il était probable que je ne la retrouverais jamais. Mon parti fut pris, je fis mon paquet, et je me mis en mesure de profiter du premier bateau qui descendrait vers les côtes d'Égypte.

L'occasion attendue ne tarda pas à se présenter. Une compagnie autrichienne venait d'installer un service de paquebots d'un faible tonnage, partant tous les quinze jours de Trieste, et, après avoir passé par Constantinople, descendant jusqu'à Port-Saïd, en faisant escale aux principales échelles du Levant, Smyrne, Beyrouth et Jaffa. Un beau matin, après avoir dit adieu aux franciscains du couvent de Jaffa et avoir souhaité bonne chance au signor Stefanopoli, je m'embarquai à bord d'un de ces petits bateaux autrichiens et j'arrivai le lendemain à Port-Saïd, après une traversée courte mais fort pénible. La mer était tellement mauvaise et le ciel si sombre quand nous arrivâmes en vue de Port-Saïd, qui n'a point de port mais une rade extrêmement basse, que le capitaine crut prudent, après avoir fait jeter la sonde, de ne pas approcher plus près du rivage et d'attendre au lendemain pour débarquer ses passagers.

A peine, le lendemain matin, étais-je descendu à terre, que j'appris par un aubergiste italien qu'un Français, arrivé depuis peu de Beyrouth, se trouvait dans un garni de Port-

Saïd, fort malade et dans le plus complet dénûment. Au signalement que l'aubergiste m'en
donna, je ne doutai pas un seul instant qu'il ne
s'agît de mon malheureux collaborateur au
Médecin des familles. Je courus à l'endroit
indiqué, et je me trouvai devant une masure en
bois élevée sur pilotis comme toutes les maisons
de Port-Saïd qui avoisinent la mer ; une enseigne
à moitié effacée qui se détachait au-dessus de la
devanture apprenait *urbi et orbi* que ce bouge
était un hôtel garni. Une vieille Maltaise, la
propriétaire de l'immeuble, à qui je m'adressai,
me fit monter par un escalier branlant jusqu'au
second étage de la maison. Arrivés là, elle me
fit traverser une vaste pièce qui servait de gre-
nier et au fond de laquelle une porte à moitié
délabrée s'entr'ouvrait sur un réduit qui avait
toutes les apparences d'une niche. Elle poussa
la porte, et aussitôt des soupirs étouffés, une
sorte de gémissement sourd, sortirent, avec des
bouffées d'air chaud et nauséabond, de cet antre
à demi plongé dans l'obscurité.

Hélas ! c'était là, au fond de ce trou noir, sur

une paillasse dont la toile, crevée çà et là, laissait passer des feuilles de varech, que le docteur Millieux, ancien chirurgien de l'armée française, chevalier du Medjidié et dignitaire du Grand-Orient de France, agonisait douloureusement, seul, sans secours, et réclamant, dans ses moments lucides, une délivrance trop lente à venir. Il ne me reconnut pas, et je jugeai à première vue que cette mort qu'il appelait ne le ferait pas trop attendre.

La vue de cet homme que j'avais trouvé à Beyrouth, déjà miné par la maladie et les soucis matériels, mais, en dépit de tout, gai et luttant courageusement, me fit monter aux yeux des larmes amères et m'inspira de cruelles réflexions. Je sortis de là, le cœur serré et plein de haine pour ce destin ironique qui envoyait mourir sur un grabat infect, à cinq cents lieues de son pays, un homme qui avait été riche, qui avait donné des fêtes, et qui avait promené fièrement, dans les salons aussi bien qu'au bois de Boulogne, son képi brodé et ses décorations.

Au bas de l'escalier, la vieille, qui était descendue avant moi, m'attendait, et je lus dans ses petits yeux rouges et ridés l'inquiétude qui la dévorait. Elle songeait, la drôlesse, que la défroque de ce cadavre encore vivant ne payerait peut-être pas le trou sordide qu'elle lui avait prêté pour mourir. De retour à l'auberge, je m'enquis d'un médecin, et, comme ce médecin était absent, j'envoyai vers mon pauvre compatriote le pharmacien de Port-Saïd, qui accepta en rechignant cette tâche peu lucrative. Je lui donnai quelques pièces de monnaie, et je regrettai de ne pouvoir rester quelques jours ; mais ma place sur le bateau du canal de Suez était retenue et payée, puis, au moment où j'allais tenter de me la faire rembourser, j'appris que le docteur venait de mourir, et que le consul de France, prévenu, se chargeait de l'inhumation de mon infortuné compatriote.

Le soir même je pris place à bord du petit vapeur qui fait le service entre Port-Saïd et Suez ; je devais m'arrêter à moitié chemin, à Ismaïlia, et de là prendre le chemin de fer de cette dernière ville au Caire.

Je fis sur le bateau connaissance avec un Français, un Parisien, M. Gay, qui parcourait ces pays pour le compte d'une grande maison de Paris; et, grâce à cette rencontre, mon voyage d'Égypte se fit le plus agréablement du monde. Pendant toute la nuit, notre bateau fila avec une vitesse raisonnable entre les deux dunes de sable qui s'élèvent de chaque côté du canal et sont en certains endroits si rapprochées que l'on se demande comment un navire de haut bord peut se faufiler dans un chenal si étroit. De loin en loin, des refuges, espèces de petites anses creusées dans le sable que l'on a refoulé, sont établies sur les bords du canal pour permettre aux bateaux de se garer quand un navire venant en sens inverse est signalé.

Que faire sur un bateau, à moins que l'on n'y cause? Nous causâmes; et, comme au cours de la conversation je vantais à mon compagnon de route les douceurs du voyage, le charme que l'on éprouve à voir chaque jour défiler sous ses yeux des sites, des contrées, des costumes, que l'on n'a pas vus la veille :

« J'avoue, me répondit M. Gay, que ces dé-
placements continuels ont leur agrément, surtout pour les privilégiés qui comme vous ne
voient que le beau côté de la médaille. Un pays
ne vous plaît pas, vous prenez vos jambes à
votre cou et déguerpissez sans tambour ni trom-
pette ; mais si vous voyagiez dans les conditions
qui sont les miennes, si vous étiez forcé de vous
arrêter une semaine dans des trous inconnus
habités par de vrais sauvages, peut-être vos
idées sur la matière se modifieraient-elles sensiblement. Croyez-moi, mon ami, rien ne vaut
comme de rester chez soi et de vivre en bon
bourgeois bourgeoisant : on n'est pas du moins
exposé à des aventures comme celle qui m'est
arrivée l'an dernier dans ce sablonneux Port-
Saïd que nous venons de quitter. Voulez-vous
que je vous la raconte ?

— Volontiers, lui dis-je.

— Je vous préviens que l'histoire n'est pas gaie.

— Allez toujours.

— Eh bien, le temps d'allumer un cigare, et
je commence.

« Vous savez que je descends ordinairement, à Port-Saïd, à l'hôtel d'Orient, qui est le meilleur de la ville. Malheureusement, à mon dernier voyage, l'hôtel, par suite d'un ensablement du canal qui forçait les paquebots à relâcher, était bondé de voyageurs. Pas un coin de disponible. Que faire? les établissements sérieux ne pullulent pas à Port-Saïd. J'étais à me demander de quel côté je dirigerais bien mes pas, quand l'Arabe qui s'était chargé de mes bagages m'engagea à le suivre chez un sien ami, un Maltais, un honnête *signore,* disait-il, qui serait heureux de me loger et dont je serais enchanté. Je me laissai faire, nous partîmes, et après une course assez longue dans un dédale de rues noires et infectes, nous arrivâmes devant l'auberge, ou plutôt le bouge du seigneur Alberti : c'est ainsi que se nommait l'honnête homme.

« Inutile, n'est-ce pas, de vous décrire la masure : vous la voyez d'ici. Mais, si l'aspect de la maison n'était pas flatteur, la tournure du drôle qui en était le propriétaire et qui vint me recevoir n'était pas faite pour modifier cette fâ-

cheuse impression. Vous ne pourriez vous figurer l'atroce figure de ce Maltais à la peau jaune
et tannée, aux yeux fuyants, au front bas et caché
sous un tarbouch graisseux... la mise était à
l'avenant : en somme un véritable bandit, non
pas le bandit d'opéra-comique, bien peigné,
élégant, au fin poignard ou à la carabine da-
masquinée, mais le bandit louche qui s'avance
doucereusement, le couteau ignoble dissimulé
dans la manche. Pour un rien j'aurais pris ma
malle sur mon dos, mes jambes à mon cou, et
aurais souhaité le bonsoir à ces deux aimables
personnages, qui paraissaient se connaître de
longue date. Une fausse honte me retint, j'eus
peur de paraître avoir peur, et je me dis qu'a-
près tout il était ridicule de juger les gens sur
leur mine. Je me résignai donc, et, précédé de
mon Arabe, suivi du Maltais, qui m'affirmait
dans son baragouin que je serais beaucoup mieux
chez lui qu'à l'hôtel d'Orient, je gravis l'échelle
vermoulue qui montait au premier étage, et, au
bout d'un sombre corridor agrémenté de recoins
louches, j'entrai dans une vaste pièce ornée d'un

lit, d'une table, de deux ou trois chaises, et, qui l'aurait dit? d'une vieille armoire à glace échouée là je ne sais comment.

« Mon premier soin, une fois seul, fut de me livrer à un examen approfondi de la chambre où je devais passer deux ou trois nuits. Chacun de mes pas sur le parquet délabré et disjoint éveillait un sinistre craquement, et cette musique singulière ne laissait pas de m'agacer. Une porte basse, dissimulée dans un angle, et que je découvris par hasard, donnait sur un second corridor qui allait se perdre je ne sais où ; quand je voulus la refermer, je m'aperçus que la serrure, aux trois quarts arrachée, était veuve de sa clef, et qu'il n'y avait point de verrou.

« Il était tard, j'avais dîné sur le bateau ; je me mis donc en mesure de passer la nuit le plus sûrement possible, et à l'abri de toute éventualité fâcheuse. Je poussai l'armoire à glace contre l'une des deux portes, j'élevai devant l'autre un échafaudage de tables et de chaises, je mis sous mon oreiller mon revolver et mon argent, et, ma foi, à la grâce de

Dieu! je me couchai et je finis par m'endormir.

« Je ne fus ni volé ni assassiné; la nuit fut au contraire parfaitement calme, et quand je me réveillai le lendemain matin je me fis honte de ma ridicule terreur et j'adressai mentalement une véritable amende honorable à l'honnête Maltais que je n'avais pas craint de prendre pour un bandit. Dans la journée je vaquai à mes affaires, et, comme j'étais forcément en rapport avec des gens du pays, j'en profitai pour demander quelques renseignements sur le signor Alberti.

« Heu! heu! me dit l'un, la maison n'a pas
« trop bonne réputation, même à Port-Saïd où
« l'on n'est pas difficile, et, si vous avez beau-
« coup d'argent, peut-être agirez-vous sagement
« en ne le faisant pas trop voir.

« — Alberti? me dit un autre; il a une mau-
« vaise figure, il est vrai, mais je le crois meil-
« leur qu'il n'en a l'air, et il n'est pas trop mal
« vu dans le pays. »

« Ces renseignements contradictoires m'ap-
prenaient peu de chose, et le soir venu je m'ap-

prêtais à échafauder de nouveau les barricades de la veille quand une réflexion m'arrêta. « Bah ! « pensai-je, c'est trop bête à la fin, et j'agis là « comme un poltron. Il n'y a aucune raison « pour que la seconde nuit ne ressemble pas à « la première. » Et, laissant l'armoire à glace contre le mur, la table dans son coin et les chaises à leur place, je ne m'inquiétai même pas de placer mon revolver à portée de ma main, je le laissai dans la poche de mon habit, et me couchai tranquillement. Le sommeil cependant, bien que je fusse ce soir-là complètement rassuré, vint moins vite que la nuit précédente, et ce fut avec beaucoup de peine que je parvins à m'endormir.

« Le repos devait être de courte durée. Vers le milieu de la nuit, il me semble tout à coup entendre crier le parquet, et ce craquement sinistre est bientôt suivi d'un bruit étouffé de pas. Mes yeux s'ouvrent dans les ténèbres, impossible de rien distinguer. J'écoute, anxieux, le cœur palpitant. Un homme est entré dans ma chambre ; il est là, tout près de moi, qui rampe dans l'obscurité et qui s'approche de mon lit. Le cœur me bat de plus en plus fort, je n'ai pas le temps de faire un mouvement que brusquement un drap s'applique sur ma figure et une main invisible me prend à la gorge... Je veux crier, impossible! Une sueur froide m'inonde la figure, mes cheveux se hérissent... Je me sens près de défaillir.

« Combien de temps dura cette terrible situation? Une seconde peut-être, mais une seconde qui valait un siècle. Je me vis perdu, et alors seulement le sang-froid me revint. Retenant mon souffle, évitant le moindre mouvement, je parviens à ramener insensiblement mes deux mains sur la poitrine, je ferme les poings, puis, d'un effort suprême, je me soulève violemment, tout d'un coup, et... je vais rouler, meurtri et réveillé, sur le parquet de ma chambre.

— Saperlipopette! fis-je en cet endroit, savez-vous, Monsieur Gay, que vous avez des rêves qui justifient peu le nom que vous portez?

— Attendez, me dit-il, mon histoire n'est pas finie. Cette horrible chute, ce cauchemar effroyable, m'avaient rendu furieux. Je me relevai en jurant, j'allumai une bougie, et, me traînant à quatre pattes tout autour de cette maudite chambre : « Tiens, imbécile, me disais-je, tiens, « idiot, tiens, triple brute, cherche-le donc, ton « assassin... » Tout à coup je poussai un cri rauque et reculai terrifié... Le bandit était devant moi ; il était là, accroupi, prêt à bondir, les yeux hors de la tête, la figure horrible...

« Que vous dirai-je ? la raison enfin me revint, et je reconnus ma propre image reflétée dans l'armoire à glace. Je m'examinai avec un sentiment de terreur indicible ; je craignais que mes cheveux n'eussent blanchi pendant cette terrible scène. Il n'en était rien, fort heureusement ; mais je vous assure que je n'attendis pas le grand jour pour régler ma note et fuir cette maison de malheur.

« Savez-vous, Monsieur, me dit mon Maltais « quand je lui donnai mon dû, que vous faites « à vous seul plus de bruit que tous mes autres « locataires ensemble ? »

« Je le crois bien, il n'avait pas d'autre voyageur que moi. Et voilà mon aventure, ajouta M. Gay en jetant son cigare. Si jamais vous écrivez la relation de votre voyage, j'espère bien que vous n'y ferez pas figurer cette sotte histoire.

— J'en suis incapable, lui répondis-je.

— Et dans tous les cas vous ne me la mettriez pas sur le dos.

— Ah çà ! pour qui me prenez-vous donc, mon cher Monsieur Gay ? Allez, et comptez sur ma discrétion la plus absolue. »

Et c'est ainsi que, fumant, causant et riant, mollement étendus dans des fauteuils à bascule sur l'arrière du bateau, nous passâmes la plus grande partie de la nuit. Le lendemain, à la pointe du jour, nous arrivions à Ismaïlia. Ce petit village, bâti sur pilotis dans un désert sablonneux, ne se compose que de quelques maisons habitées presque toutes par les ouvriers et les employés du canal de Suez; mais on aperçoit, à quelque distance, au milieu des sables, un palais assez beau appartenant à M. de Lesseps, qui l'a reçu en cadeau du vice-roi, et qui l'a habité pendant quelque temps. Ismaïlia, en effet, a été le point central des travaux du canal ; c'est de là aussi que part la voie ferrée qui aboutit au Caire.

LE CAIRE

Nous ne séjournâmes à Ismaïlia, M. Gay et moi, que juste le temps d'apprécier une fois de plus la politesse et l'honnêteté proverbiales des employés du Khédive. Je ne parle pas du *bakchich* ou pourboire que nous fûmes obligés de verser ès mains de messieurs les douaniers pour qu'ils consentissent à ne pas bousculer nos effets et à ne pas les retenir vingt-quatre heures : dans tout l'Orient, ce trafic se fait ouvertement ; c'est un abus qui a force de loi, et l'étranger qui déposerait une plainte exciterait plus d'étonnement que de colère. Mais, à la gare même, il nous fallut défendre énergiquement notre bourse contre la rapacité de l'employé chargé de distribuer les billets ; et nous nous vîmes obligés d'appeler à notre aide les faibles notions d'arabe que nous possédions pour bien établir le prix du voyage et ne pas payer notre parcours trois ou quatre francs de plus qu'il n'était tarifé.

Du reste ces manières de procéder tout orientales se heurtaient et contre notre flegme et contre notre expérience : car mon compagnon de route connaissait ce pays à fond, et quant à moi, je savais trop bien à quoi m'en tenir sur les habitants, petits et grands, de ces poétiques contrées, pour avoir la naïveté de m'étonner de rien. En Orient, douaniers, employés, soldats, marchands et pachas, tous ces gens-là se valent, et il n'est aucun d'eux qui ne se crût volé s'il laissait passer un Européen sans l'avoir volé lui-même.

Du reste, l'exemple part de haut, et si le Commandeur des croyants pressure à la perfection son excellent peuple, il peut se vanter d'être à

son tour incomparablement pressuré par ses excellents ministres. On ferait un joli vaudeville
avec tous les *trucs* mis quotidiennement au service de cette école normale du vol qui s'appelle
l'administration turque. Voici une de ces bonnes
histoires, que je tiens du héros même de l'aventure, histoire véridique depuis le premier mot
jusqu'au dernier.

Le héros en question, un Français, avait ob-
tenu du gouvernement turc la concession d'une
fourniture de chaux. Il arrive donc au palais de
Topané et là trouve un premier pacha qui lui
dit :

« Combien de tonnes de chaux apportez-vous
sur votre chaland ?

— Cinquante tonnes, répond-il.

— Très bien. Faites une facture de cent
tonnes ; il y en aura 25 pour moi et 25 pour
vous. Voici un bon ; allez le présenter au pacha
A... (il est inutile, je crois, de citer les noms).»

Le fournisseur obéissant arrive chez le pacha
A..., qui, de même qu'avait fait son collègue,
lui dit :

« Combien de tonnes apportez-vous?

— Cent, répond cette fois le marchand.

— Vous avez dit cent? réplique le pacha en clignant de l'œil.

— Mais oui, dit le fournisseur qui, ne se sentant pas la conscience nette, commence à être légèrement inquiet; j'en ai cent, voilà le bon du pacha de Topané.

— Parfait! Alors faites-moi une facture de cent cinquante, et nous partagerons les cinquante tonnes.»

Bref, le marchand européen passa encore par les mains de deux autres pachas, et chaque fois ce fut une facture à recommencer. Si bien que, parti de chez lui avec cinquante tonnes de chaux, il eut finalement à présenter au gouvernement turc une quittance de trois cents tonnes.

Et, comme il craignait avec raison que je ne trouvasse l'histoire médiocrement édifiante, il tenta de se disculper en m'affirmant qu'il avait été obligé d'agir ainsi sous peine de voir sa fourniture lui rester pour compte ou ne lui être jamais payée.

Telles sont les mœurs, peu recommandables, de ces pays. Se modifieront-elles avec le progrès et l'affluence de plus en plus grande des étrangers? Il est permis d'en douter : ces gens-là naissent pillards. Mais peut-être arrivera-t-il un moment où les Européens réclameront le droit à être volés plus régulièrement et plus légalement.

Toute la journée nous roulâmes empilés dans de vieux wagons qui avaient dû faire de nombreux congés en Europe, et dont les carcasses calcinées semblaient subir douloureusement les caresses torrides d'un soleil auquel elles n'étaient pas habituées. Aucune barrière le long de la voie, les fellahs se promènent librement et avec une insouciance cousine du fatalisme sur le railway comme sur une route ordinaire; dès qu'un train en vue ralentit un peu sa marche, les enfants et les femmes accourent et s'acccrochent aux wagons pour réclamer le sempiternel *bakchich* aux voyageurs. La cloche du départ a sonné, et l'on a toutes les peines du monde à faire se détacher ces grappes humaines qui ne se décident parfois à lâcher les portières que lorsque le train est déjà lancé et marche d'une vitesse raisonnable. Au reste, en dépit de ce sans gêne des Égyptiens dans leurs rapports avec des machines qui ne raisonnent pas plus qu'eux-mêmes, il arrive peu ou point d'accidents. Le Dieu des ivrognes n'a rien à faire dans ce pays où l'on ne s'enivre qu'avec de l'eau ; il est juste qu'il reporte toute sa sollicitude sur la catégorie des mendiants et des amateurs de *bakchichs*.

Le paysage d'Ismaïlia au Caire est peu varié, ce qui nous permit de dormir un peu sans que nous eussions à regretter plus tard de l'avoir négligé. Parfois un cahot un peu plus fort ou un mouvement de bascule nous réveillaient en sursaut et nous faisaient mettre le nez à la portière : notre wagon venait de rencontrer une solution de continuité dans le rail ou s'était enfoncé dans le sable. Des deux côtés de la voie, nous n'apercevions qu'un désert sablonneux sur lequel se détachait de temps en temps la silhouette chétive d'un fellah ou la perspective d'une caravane de chameaux. Cependant, avant d'arriver au Caire, le paysage revêt un meilleur aspect ; notre train s'élance joyeusement, avec force coups de sifflet, dans un dédale de champs cultivés, de jardins, de prairies fermées de haies qui ne manquent pas de fraîcheur et peuvent nous donner un moment l'illusion que nous traversons un département de notre chère France.

Sur le soir, M. Gay, qui connaît l'Égypte comme la connaîtrait un descendant des Pharaons, et le Caire en particulier comme s'il y avait passé sa vie, me désigna à l'horizon deux montagnes roses qui brillaient joyeusement sous les derniers rayons d'un beau soleil couchant. C'était les fameuses pyramides qui, posées comme deux gigantesques boules d'agate sur la lisière du désert de sable qui s'étend à quinze kilomètres de là, semblaient à nos yeux rouler et danser, au travers des taillis que nous traversions à toute vitesse. En même temps les prairies devenaient plus nombreuses, et les champs

mieux cultivés; puis de grandes et belles maisons devant lesquelles nous passions comme un
éclair, des fermes joyeuses, des troupeaux, des jardins pleins de promeneurs vêtus à l'européenne,
tout nous annonçait l'approche d'une grande
ville. Bientôt le ralentissement du train, le bruit
infernal des wagons sur les plaques tournantes
et les cris harmonieux des employés nous aver-
tirent que nous entrions en gare.

« Vous ne connaissez pas le Caire, me dit
alors M. Gay : il est donc inutile que je vous demande où vous descendrez. Mais si vous voulez
m'accepter pour guide, vous me suivrez à mon
hôtel qui n'est pas un hôtel de premier ordre,
mais qui n'est cependant pas plus mauvais qu'un
autre.

— Volontiers, lui répondis-je. Et quel est-il ?

— L'*Hôtel d'Orient.*

— Et l'on y est convenablement, puisque
vous y descendez ?

— Convenablement, et pas trop cher : seize
francs par jour, vin non compris. »

Seize francs par jour ! ce dernier détail me

causa un moment d'angoisse, et machinalement je tâtai la bourse en cuir renfermée dans ma ceinture. Je supputai mentalement combien, à ce compte-là, je pourrais passer d'heures au Caire, et je m'aperçus avec effroi que mon séjour dans la capitale de l'Égypte devait se borner à trois ou quatre fois vingt-quatre heures au plus : car il me fallait réserver l'argent nécessaire pour mon retour. M. Gay évidemment ne voyait en moi qu'un riche désœuvré, une manière d'Anglais ou de fils de famille, embarrassé de sa fortune et s'amusant à semer sur toutes les routes du monde ses banknotes et ses livres turques. Cette belle opinion qu'il me paraissait avoir de moi et de ma position sociale ne laissait pas de me flatter ; ma petite vanité m'empêcha de le détromper et de l'éclairer sur la situation fâcheuse dans laquelle je me trouvais.

« Seize francs, sans le vin, ce n'est pas trop, lui dis-je, et va pour l'*Hôtel d'Orient*.

— Je ne ferai que vous déposer, me dit-il, et je le regrette, soyez-en sûr. Si mes affaires ne m'appelaient d'une manière pressante à Alexandrie, je me serais fait un plaisir de vous piloter dans les quartiers du Caire ; mais vous trouverez à l’hôtel des guides en qui vous pouvez avoir toute confiance. »

M. Gay était obligé en effet de repartir dès le lendemain pour Alexandrie, d’où il devait se rendre en France en passant par Malte et l’Italie. Il ne restait donc qu’une nuit au Caire, et j’en profitai pour passer en sa compagnie une agréable soirée, commencée au Théâtre-Italien du Caire, et terminée par une fraîche promenade dans les allées de l’Esbekié.

Le lendemain de bon matin il partit, et je dis adieu à regret à cet excellent compatriote, en maudissant le Ciel de ne m’avoir pas donné plus tôt un compagnon de voyage aussi agréable. Il était sept heures environ, et, par les fenêtres de ma chambre, j’apercevais, miroitant sous un gai soleil, les magnifiques sycomores du jardin de l’Esbekié. Je sortis. La première curiosité qui frappa mes regards fut un individu qui se promenait gravement sur la place, dans un costume tellement primitif que

ses épaules et ses jambes n'étaient même pas
abritées

> sous ce voile incertain,
> Le premier que revêt le pudique matin.

Je m'approchai pour m'assurer que j'avais
bien devant les yeux un de mes semblables,
formé à l'image de Dieu, ainsi que moi, et non
quelque orang-outang en rupture de forêt vierge.
Je reconnus avec surprise que l'animal en question était bien de l'espèce dite raisonnable (on
ne saura jamais pourquoi), et ma surprise aug-
menta quand je vis des promeneurs, hommes
et femmes, tant européens qu'indigènes, passer
à côté de ce personnage, le coudoyer, le heurter,
sans avoir l'air de s'apercevoir du costume peu
compliqué dont il n'était pas revêtu. J'examinai
de tous côtés si je ne découvrais pas d'autres
promeneurs habillés de même; je pouvais croire,
en effet, que c'était là une des innombrables
modes d'un pays où les tailleurs ont le droit de
se livrer, sans crainte d'être montrés au doigt,
aux essais de la fantaisie la plus échevelée et

aux innovations les plus saugrenues. Mais il
était seul ainsi, et, au milieu de la foule bariolée
d'Égyptiens et d'Anglais qui, à cette heure
matinale, traversait déjà les allées de l'Esbekié,
notre homme, complètement nu, se promenait
avec une sérénité imperturbable, sans souci des
passants qui ne s'occupaient pas de lui et des
ladies qui détournaient la tête en l'apercevant.

Un indigène, que j'interrogeai au sujet de
cet étrange personnage, me répondit que c'était
un fou, un innocent qui, dans les rues arabes,
ne récoltait sur son passage, de la part des hommes et surtout des femmes, que des marques
d'une profonde vénération et d'un respect
poussé jusqu'à l'indiscrétion. C'était, toujours au
dire de mon indigène, une manière de saint,
dont la vue ne pouvait inspirer que de chastes
pensées, et dont le costume succinct ne scanda-
lisait pas plus les fidèles agenouillés sur son
passage que les longs cheveux d'un poète ne
font retourner, chez nous, les promeneurs du
boulevard.

Au moment où mon interlocuteur, qui avait

toute l'apparence d'un humble fellah venu au Caire pour ses affaires, me donnait ces obligeantes explications, un grand bruit de grelots et des claquements de fouet se firent entendre au bout de la belle et grande avenue à arcades qui longe l'Esbekié. En même temps deux *saïs,* vêtus d'une coquette tunique blanche et coiffés du tarbouch, venaient de notre côté en courant, en criant et en écartant du bout de leurs fouets les passants qui se trouvaient là. Immédiatement derrière eux arrivait au petit trot une voiture découverte, assez piteuse d'aspect et attelée de deux maigres chevaux; elle était occupée par deux jeunes gens que mon fellah salua familièrement et qui lui rendirent son salut. Ces deux jeunes gens étaient les deux fils du vice-roi.

Cette petite scène toute simple peint assez bien les mœurs orientales, tour à tour fastueuses et sans façon, despotiques et égalitaires. Qu'une circonstance difficile l'exige, ou qu'une lubie traverse le cerveau de ces deux aimables jeunes hommes, et vous les verrez, dans toute la splendeur de leurs costumes orientaux, montés sur des chevaux de sang et entourés de guerriers farouches, faire tomber d’un signe la tête du pauvre fellah avec la même sérénité qu’ils ont mise naguère à lui rendre son salut.

Comme je l’ai dit plus haut, j’avais deux ou trois jours seulement à dépenser au Caire, et l’on comprendra facilement l’impatience où j’étais d’admirer de près la grande curiosité de l’Égypte, les Pyramides. Je louai donc pour ce petit voyage un de ces ânes du Caire qui ne sont ânes que de nom, et dont la taille égale celle de nos petits chevaux de l’Auvergne ou de la Camargue : c’est la monture habituelle en Égypte, et les plus hauts, les plus graves personnages, aussi bien de l’entourage du vice-roi que de la colonie européenne, ont journellement recours à l’agilité surprenante et à la vigueur infatigable de ces modestes coursiers. On peut dire que, dans tous les pays orientaux, mais au Caire principalement, l’âne est l’objet d’un respect et d’une admiration sans bornes. Qu’il me soit permis d'ajouter que nul animal au monde ne cherche à s'en rendre plus digne. L'âne égyptien fait journellement des prodiges de courage, de patience et même de docilité ; je ne parle pas de ses avantages physiques : ce sont biens périssables et dont il ne tire aucune vanité. Ajoutez à cela, dans son allure générale, une certaine insouciance gaie et railleuse qui m'a rappelé le gamin de Paris. Qu'un *ouled* lui saute lestement sur le cou, qu'une *ladie* se fasse poser délicatement sur sa selle frangée d'or, ou qu'un pacha, dont la carrure énorme inquiéterait un dromadaire, se hisse péniblement sur son dos, l'âne trottine, trottine toujours, imperturbablement et sans se soucier de qui le conduit. Il est vraiment la plus noble conquête que l'Égyptien ait jamais faite, et je ne désespère pas de voir un jour toute la cavalerie du vice-roi montée avec ces pur-sang nouveau modèle.

Celui que je louai devant l'*Hôtel d'Orient* était, sans contredit, un des plus beaux échantillons de la race, et la vue de ce fier animal me fit songer à ces pauvres bêtes étiques et souffre-

teuses que nous voyons se traîner sur les chemins de France, la tête basse, l'oreille pendante,
et l'échine toute meurtrie saignant sous le bâ-
ton infâme de quelque avare paysan. Je ne
sais quelle comparaison malséante ce contraste
éveilla dans mon esprit; mais l'aspect de ces nobles animaux courant d'un pas agile et assuré me
fit songer à nos robustes campagnards français
supportant vigoureusement le poids du travail
de chaque jour sans en être écrasés, tandis que,
par compensation, les ânes martyrs de mon pays
me rappelaient les malheureux fellahs que je
voyais dans les rues du Caire, geignant et haletant sous le faix qui surchargeait leurs maigres
épaules.

Chacun de ces palefrois aux longues oreilles
que l'on trouve assemblés par troupes et attendant les voyageurs, au coin de toutes les rues et
dans le voisinage de tous les hôtels, est sous la
garde d'un gamin qui ne le quitte jamais. Dès
que la bête est louée, elle et le gamin se mettent
en route, trottant l'un derrière l'autre, et la
première stimulée, si besoin en est, par le se-

cond qui tire du fond de son gosier un cri
rauque appuyé d'un fort coup de lanière sur les
reins de la bête, et quelquefois sur ceux du cavalier. Ces gamins sont, après leurs ânes, les
animaux les plus agiles qu'on puisse voir. Il y
a bien quinze kilomètres du jardin de l'Esbekié
aux Pyramides. Pendant ces quinze kilomètres,
mon petit guide ne cessa pas un instant de trotter derrière son âne, et il n'eut pas l'air d'y
trouver la moindre fatigue. L'excursion se fit
en deux heures, au bout desquelles il soufflait
juste autant qu'au moment où je l'avais cueilli
devant l'hôtel. Qu'Apollon me pardonne ! avant
de me pâmer devant la grande pyramide, je
contemplai avec une véritable stupéfaction le
jeune Égyptien, et mon admiration hésita une
bonne minute entre lui et le tombeau des Pharaons.

L'ascension d'une pyramide, bien qu'une
pyramide ne soit qu'un assemblage de blocs
énormes étagés en retraite les uns sur les autres,
de manière à former tout autour de véritables
gradins, n'est vraiment pas une chose facile. Le

chemin est tout tracé, assurément, et c'est beaucoup de mauvaise volonté qu'il faudrait mettre
pour s'y égarer; mais, si l'entreprise n'offre
aucune difficulté de ce côté-là, il n'en est pas de
même sous le rapport de la fatigue résultant de
l'ascension. Que l'on se figure un escalier d'environ deux cents marches, dont chacune aurait
une hauteur d'au moins soixante-dix centimètres : un homme qui en voudrait tenter l'esca-
lade tout seul serait obligé de s'aider continuellement avec les mains ; encore faudrait-il, pour
cela, qu'il fût doué d'une vigueur exception-
nelle. Mais on est sûr de trouver en tout temps,
en arrivant aux pyramides de Giseh, des Bédouins de bonne volonté qui, moyennant une
rétribution qu'il faut avoir bien soin de débattre
avant de gravir la première marche, se chargent
de vous tirer, de vous pousser, de vous hisser
enfin jusqu'à la cime de cette montagne artifi-
cielle. Ces gens-là se mettent trois ordinairement pour cette besogne difficile : pendant que
deux d'entre eux vous prennent chacun par une
main, le troisième vous soulève par derrière ; et

ainsi remorqué et poussé, vous arrivez au haut, la figure cramoisie, soufflant comme un damné et demandant grâce. Les quarante siècles, heureusement, pendant toute cette ascension, n'ont cessé de vous contempler du haut de leur plate-forme, et il ne vous faut rien moins qu'une pensée aussi consolante pour vous réconforter un peu et vous payer de tant d'efforts.

La vue dont on jouit du haut de la grande pyramide est splendide et curieuse. Dans le lointain, au-dessus de la ligne blanche du Caire et sous le ciel bleu, scintillent au soleil les coupoles dorées et les minarets; plus près, sur les deux bords du Nil, ce sont des champs cultivés, des prairies coupées çà et là de canaux savamment distribués, puis des plaines dont la vue est bien faite pour vous serrer le cœur : car elles ont été fécondées par le sang français; et au-dessus de cette campagne, silencieuse maintenant, l'imagination voit briller encore dans une sorte d'apothéose les glorieux uniformes de nos cavaliers et le chapeau légendaire de Bonaparte. Du côté opposé le spectacle est tout autre : tout près de nous et presque au même niveau, est la seconde grande pyramide, celle de Chéphrem, dont le revêtement vernissé, qui s'est conservé presque intact, luit au soleil ; plus bas le sphinx, dont les colossales proportions paraissent, vues de cette hauteur, singulièrement écrasées ; puis le regard s'étend, de là, sur le désert, le désert sans fin, océan de sable au fond duquel un œil exercé perçoit des monticules roses qui sont encore des pyramides. Enfin, le jour où je fis cette ascension, bien plus près, tout près de moi, sur la plate-forme de cinq mètres carrés qui est la *pointe* de la grande pyramide, ma vue s'étendait sur des *ladies* à la longue taille et aux dents proéminentes, et sur des Anglais rougeauds qui s'épongeaient le front en poussant des « goddam » arrachés par la satisfaction d'être enfin arrivés plutôt que par la contemplation du panorama qu'ils avaient sous les yeux.

La descente se fit plus vite et moins péniblement que la montée : en effet, dans cette seconde partie du voyage, un des trois Arabes, celui qui *pousse*, est au moins inutile. Les deux Bédouins qui étaient restés avec moi et ne m'avaient pas perdu un instant de vue, dans la crainte sans doute que je n'eusse la tentation de leur échapper, me prirent de nouveau par les mains, et, avec une rapidité que je qualifierai naturellement de vertigineuse, me firent dégringoler la pyramide en moins de temps que je n'en mets à le raconter.

Avant d'arriver tout à fait au bas, je visitai, muni d'une torche et toujours accompagné de mes Arabes, l'intérieur du monument dans lequel on pénètre en rampant par un soupirail étroit et un long boyau qui semble avoir été fait pour la commodité des lézards plutôt que pour celle des animaux raisonnables. Une fois dans l'intérieur, une vaste pièce qui semble taillée dans ce roc artificiel, un de mes Bédouins tira derrière ma tête le coup de pistolet traditionnel en se préparant à rire de mon épouvante. Malheureusement pour lui je connaissais, par les récits de mes devanciers, cet incident obligé de toute visite aux pyramides, et le coup de pistolet fut pour l'enfant du désert ce qu'en style de théâtre on appelle un four, et un four que je puis bien, vu l'endroit choisi, qualifier de *pyramidal*. Le Bédouin en parut mortifié, et, au sortir de cette caverne, nous nous séparâmes froidement.

Je retrouvai, à quelques pas de là, mon petit Égyptien qui jouait avec son âne et qui, en m'apercevant, me dit avec un rire tout piqué de dents blanches : « Monsieur, toi content? toi as beaucoup vu? — Oui, mon ami, j'ai beaucoup vu. — A présent, toi partir, n'est-ce pas, Monsieur? — Oui, lui répondis-je, moi partir; et toi aussi, mon ami, toi m'accompagner, toi sangler ton âne et trotter avec lui jusqu'au Caire. » Il rit de plus belle, et, tout en apprêtant sa bête, il me dit : « C'est pas bien, Monsieur; toi moquer pourquoi je parle mal. — Va, va, lui dis-je, je te donnerai un bon bakchich pour t'acheter une grammaire française. » Il fut enchanté, et me répondit qu'il ne savait pas lire. Mais il parlait, tant bien que mal, le français, l'anglais, l'allemand, l'italien et l'arabe.

Le retour fut moins gai que je n'étais en droit

de l'espérer. A peine avais-je eu le dos tourné aux pyramides qu'un vague malaise, une inquiétude dont je ne démêlai pas très bien les causes, s'étaient emparés de tout mon être. Taciturne et rêveur, je me laissais secouer comme un paquet inerte par le trot irrégulier de mon âne, et le petit guide à l'œil vif, que mon regard morne inquiétait, avait beau me questionner et m'assourdir de ses cris, cris et questions insidieuses — *vox clamans in deserto* — se heurtaient lamentablement contre mon mutisme obstiné. Arrivé au Caire, et encore sous le coup de cette impression mystérieuse, qu'il me semblait pourtant avoir déjà éprouvée à une autre époque, je courus à mon hôtel, m'enfermai à triple tour dans ma chambre, et machinalement je m'assis devant mon bureau et saisis un crayon qui se trouvait là tout à point. C'est alors seulement que j'eus l'explication de cette situation d'esprit si bizarre ; un éclair avait traversé mon cerveau et m'avait montré dans cette illumination soudaine la coupable, la seule coupable, la Muse enfin, puisqu'il faut l'appeler par son nom, la

Muse qui caracolait sur Pégase et cinglait sa monture à coups d'alexandrins.

« Le voilà donc enfin, ce secret plein d'horreur ! m'écriai-je dans un accès d'enthousiasme. O Muse, ma première maîtresse que je croyais perdue à jamais, tu me reviens, Muse capricieuse, dans un moment où je n'ai vraiment pas le temps de songer à toi. N'importe ! il ne sera pas dit que tu auras fait pour moi un voyage inutile, et puisque c'est aux pyramides mêmes que tu t'es révélée par ce trouble et cette inquiétude dont tu aimes à te faire précéder, c'est en l'honneur des pyramides que tu vas accorder ton luth et m'inspirer des vers dignes d'elles et de toi. »

Après cette invocation bien sentie, je laissai courir mon crayon sur le papier, et deux quatrains accoururent successivement sans trop se faire prier.

Que le simoun ardent au pays des bananes
Dessèche l'oasis de ses baisers brûlants,
Ou dans le désert creuse aux pâles caravanes
Un lugubre tombeau d'antiques ossements ;

Que, plongeant au Nil bleu ses rayons diaphanes,
Memnon s'endorme au fond des sables languissants;
La Pyramide est là, morte pour les profanes,
Mais debout, jeune encor de ses quatre mille ans.

« Diable ! pensai-je, tout cela n'est pas très clair et l'on ne distingue pas bien... Bah ! ne changeons rien. Ce que je prends pour de l'obscurité n'est peut-être que de l'éblouissement. »

Et sur cette pensée, fausse à coup sûr mais consolante, je me remis à l'ouvrage. J'avais, sans y penser, commencé un sonnet ; cela valait mieux, du reste, qu'un long poème. Mais il fallait l'achever. Je fus un moment très perplexe ; la Muse m'aurait-elle déjà abandonné ?

Enfin, comme machinalement et par un geste familier aux poètes, je me frappai le front, j'en fis jaillir soudain un nom auquel je m'étonnai de n'avoir pas songé plus tôt : Victor Hugo ! J'étais sauvé ! Quoi de plus simple, en effet, et de plus naturel : la pyramide, ce géant du désert ! Victor Hugo, ce géant de l'Olympe, et, de plus, le poète des *Orientales !* C'était un éclair de génie. Une bonne comparaison, un rappro-

chement plein de grandeur et de poésie, allaient
me fournir les deux tercets, que je vis éclore
en un clin d'œil et qui achevèrent admirablement
le sonnet commencé.

> *Perdu dans la splendeur que ton âme projète,*
> *Humblement à tes pieds, je t'admire, ô poète,*
> *Jeune de ton génie austère et souriant.*
>
> *Et je contemple au loin, lorsque tout fait silence,*
> *Dans le nimbe qu'empourpre un soleil d'Orient,*
> *Ton vaste front tourné vers le désert immense.*

La cloche de l'hôtel sonnait le dîner. Je me
levai et descendis avec lenteur, dans un reste
de recueillement. La poésie française comptait
un sonnet de plus !

FIN DE VOYAGE

—

Je restai deux jours encore au Caire, et je les employai à visiter les vieux quartiers, qui sont excessivement curieux, mais sur lesquels il y aurait à dire trop de choses qui ne sauraient se raconter en français sans braver l'honnêteté. Je fis aussi un pèlerinage à l'endroit où le vaillant Kléber tomba sous le poignard d'un fanatique. L'arbre sous lequel il fut frappé couronne le point culminant d'un jardin qui appartient à l'hôtel d'Angleterre, près de l'Esbekié.

Le mardi soir je fis de nouveau l'inventaire de ma maigre fortune. Cette courte et instructive opération ne me laissa pas longtemps rêveur. « Fortuné, mon ami, me dis-je à moi-même, fais ta malle, crois-moi, et prends au plus tôt le seul parti qu'il te reste à prendre.

Il faut songer, Tircis, à faire la retraite.

Le conseil du poète était excellent. Je descendis immédiatement au bureau de l'hôtel régler ma note, et je me dirigeai une heure après vers la gare où je devais prendre le train d'Alexandrie.

Hélas! une fois arrivé dans cette dernière ville, je m'enfermai dans une petite chambre d'auberge qui ne ressemblait en rien aux grandes et belles chambres que m'avaient offertes jusques alors les hôtels d'Orient; et là, accoudé sur une table boiteuse, le front dans les deux mains, je restai, durant une bonne demi-heure, livré aux plus douloureuses méditations.

A quoi pensai-je? comme disent les feuilletonnistes qui *tirent à la ligne*.

Mon imagination, enflammée par tout ce que j'avais vu, lu et étudié durant ce long voyage de sept mois, surexcitée par la nouveauté et l'ori-

ginalité des mœurs entrevues, émue par les souvenirs touchants qui s'étaient dressés devant elle à
chaque détour de cette route biblique, faisait-elle
un retour vers le passé ? Se prenait-elle à regretter de voir la civilisation européenne empiéter de
plus en plus sur ce terrain poétique, le défricher
ironiquement de la pointe de son scepticisme, et
abattre chaque année, comme un vieux mur,
quelque pan de la légende qui est l'histoire de
ce pays ? Voyais-je se dérouler devant moi, dans
un horizon plus rapproché, une période de ces
temps héroïques où l'homme à la petite redingote grise faisait bivouaquer ses grenadiers sur
le tombeau de quelque pharaon, et donnait au
sphinx épouvanté le spectacle de cavaliers français sabrant les fils du prophète ?

Hélas ! non : de moins hautes pensées, des
préoccupations moins historiques mais plus
matérielles, et qui surtout me touchaient plus
directement, me tenaient courbé dans cette pos-
ture d'un homme qui réfléchit. La vision pom-
peuse de l'Orient avait disparu, et la triste réalité, sous la figure d'une bourse presque entiè-

rement dégarnie, venait de mettre en fuite ce ces images trop idéales. Ainsi j'en étais arrivé à à la dernière page du tome premier de mon exixistence, mon roman était bien fini, la vie allalait commencer ; et mon imagination, qui avavait trouvé à se repaître jusque-là, se heurtait contntre ce dénouement implacable, la misère, qui allalait la priver, et son propriétaire aussi, de totout moyen de s'alimenter convenablement.

J'étais donc au bout de ma petite fortunine avant d'être au terme de mon voyage. Il n ne me restait plus que quelques pièces de momonnaie, et je n'étais qu'à Alexandrie ; commment atteindre Paris, cette ville orientale damans son genre, que l'imagination voit toujours, d de loin, baignée dans des flots d'or et illuminénée des rayons mirifiques d'un soleil qui se lève e et se couche sur le palais de la Bourse ? Que fairere ? Trouver quelque modeste emploi à Alexandrieie ? Ce n'était pas chose facile, et à ce moment d du reste j'éprouvais un besoin de rentrer en Franance qui tenait de la maladie. Le voyage que je vevenais de faire m'apparaissait déjà comme un un rêve, et maintenant que le sommeil avait fui loin de mes yeux, je me sentais le besoin de me dégourdir les jambes et de penser à autre chose. Mais il me fallait trouver de l'argent. J'avais bien la ressource de vendre mes vêtements de touriste, et de m'affubler, à bon marché, d'une défroque égyptienne toute miroitante de galons centenaires et de paillettes défraîchies; mais il me répugnait de penser que je ne pourrais faire un pas dans les rues de Paris sans être accosté par quelque Français qui me demanderait en arabe des nouvelles du vice-roi.

Cependant la situation n'avait rien d'absolument plaisant pour moi, et, après avoir souri involontairement des idées plus ou moins saugrenues qui venaient ironiquement gambader dans mon cerveau, j'en arrivai bien vite à des pensées plus sérieuses. Il me restait de quoi vivre et me loger pendant deux jours à Alexandrie; mais après? Il y avait, tout près de mon auberge, un théâtre exploité par une troupe française, dans lequel j'aurais consenti à remplir, pour me créer quelques ressources, n'im-

porte quel rôle, fût-ce celui de souffleur ou de
figurant. J'allai trouver le directeur, sans enthousiasme il est vrai, mais décidé à tout pour
ne pas rester plus longtemps dans un dénûment
pareil. Hélas! hélas! trois fois hélas! le directeur
m'apprit qu'il ne gagnait même pas de quoi ne
pas laisser sa troupe mourir de faim ; lui-même
demandait à des copies qu'il faisait dans une
administration un supplément aux recettes qu'il
ne réalisait pas le soir; son meilleur sujet,, le
plus important, venait d'entrer au service d'un
loueur de voitures ; la dugazon s'était réfugiée
chez un pacha ; bref, ses affaires étaient au plus
bas, et il n'avait plus qu'à baisser irrévocable-
ment le rideau et à courber le dos sous la fail-
lite. Pauvre homme! il avait un air si désespéré
en me contant ses déboires, que je lui aurais
volontiers ouvert ma bourse avant de réfléchir
qu'elle ne contenait plus rien. Il me fit songer
au malheureux docteur Millieux, mort à Port-
Saïd, et je me dis que décidément les Français
avaient peu de chance sous le beau soleil de
l'Égypte. Je ne me souvenais plus que tout

récemment, à une demi-lieue du Caire, j'avais passé devant le palais d'un pacha qui était le fils d'un meunier des environs de Lyon.

De guerre lasse, j'allai trouver un juif que mon aubergiste m'indiqua, et je lui vendis, moyennant deux livres turques, une montre qui valait bien trois cents francs. Puis, muni de cette petite somme, je me mis en quête aussitôt d'un bateau en partance pour Marseille.

Ce jour-là, justement, arrivait dans le port un paquebot de la compagnie Fraissinet, qui ne devait séjourner que vingt-quatre heures à Alexandrie. Je me dirigeai vers le bureau de la Compagnie, et j'étais à me demander comment je pourrais bien arriver à ne payer que quart de place, quand mon hôtelier, qui décidément m'avait pris en pitié, me rejoignit sur le port, et, me tirant à l'écart : « Voulez-vous, me dit-il, faire la traversée pour rien ?

— Comment, lui répondis-je, si je veux !

— Oui, je viens de parler de vous à un capitaine américain qui descend chez moi toutes les fois qu'il relâche à Alexandrie. Il part ce soir

pour la France, et il est tout disposé à vous
accorder le passage gratuit. Ah ! par exemple,
ajouta-t-il, je ne vous dis pas que vous serez
aussi bien que sur le *Fraissinet ;* c'est un vieux
bateau qu'il a, et il transporte plus de marchandises que de voyageurs. De plus, il est fort possible qu'il vous utilise pendant la traversée. »

Je secouai fortement la main de ce brave
homme. « M'utiliser ! lui répliquai-je vivement,
mais je ne demande pas autre chose ; qu'il me
fasse faire ce qu'il voudra, ce brave capitaine. »

L'aubergiste me conduisit vers le capitaine, qui
m'accueillit avec toute l'affabilité que je pouvais
espérer d'un vieux loup de mer, et nous nous
entendîmes immédiatement. Il fut convenu que
j'emploierais les loisirs de la traversée à mettre
au net son livre de bord, puis à aider quelque
peu, si besoin était, l'équipage qui n'était pas
nombreux. J'acquiesçai à tout avec enthousiasme.

Ainsi se termina mon voyage aux Lieux-
Saints, c'est-à-dire aussi tristement qu'il avait
commencé. Il me restait, de toute cette poésie,

bue à longs traits et épuisée en si peu de temps, un arrière-goût qui allait m'en rendre bien dure l'absolue privation ; je me réveillais dans les brouillards, ayant encore au front la lueur dorée du soleil de Beyrouth et de Jérusalem ; je m'asseyais à une table vide, la tête chaude encore de l'ivresse de la veille ; enfin mes dernières croyances avaient disparu, le doute avait tourné peu à peu à l'incrédulité sombre. J'étais désespéré. Cependant, quand j'entrai dans le port de Marseille, comme je levais les yeux, une émotion me prit, un espoir me vint au cœur : une femme, une mère était là, qui, semblant guetter mon retour, me souriait dans le ciel bleu et me tendait les bras. Je me découvris, et pieusement, respectueusement, je m'inclinai devant Notre-Dame de la Garde.

TABLE DES MATIÈRES

Avant-Propos.   1
Fortuné Rampal à ses lecteurs.   9
En pleine mer. 21
Constantinople. 53
Beyrouth. 77
Damas et Balbeck. 103
Le Mont Carmel 135
Nazareth et Tibériade 157
Jérusalem. 169
La Mer Morte et le Jourdain 181
Retour à Jérusalem 209
Jaffa et Port-Saïd. 229
Le Caire. 261
Fin de Voyage 287

A PARIS

DES PRESSES DE D. JOUAUST

Imprimeur breveté

RUE SAINT-HONORÉ, 338